JN025520

入社
1年目の
仕事学

吉田 寿
Yoshida Hisashi

社会人として
知っておきたい
基本

経団連出版

はじめに
－無限の可能性を秘めた明日に向かって

◆社会人1年生として心がけるべきこと

　僕が社会人になってから、ずいぶんと時が流れてしまったなぁとつくづく感じることがあります。でも、いまでも心に去来するのは、年々歳々時は移り人は変われど、常に初心を忘れず努力すべきという思いです。

　社会人としてのスタートラインに立った新入社員のあなたは、これからの会社生活に向けて、さぞかし期待に胸をふくらませていることでしょう。そして、それに違わず、あなたの眼前には、可能性に満ちた、まだ手つかずの未来が大きく広がっています。それが、すでに社会に出てそれなりの年数や経験を積んでいる上司や諸先輩社員と比べて、明らかにアドバンテージ（利点）であることを、まずはよく理解しておきましょう。

　かつて詩人の高村光太郎は、「道程」という詩のなかで「僕の前に道はない　僕の後ろに道は出来る」といいました。まさにその言葉どおり、あなたのあとにできる道、それがあなたにとっての「キャリア」（Career）となります。

　キャリアとは、長い職業人生のなかで積み上げられた履歴、あるいはたどった軌跡や航跡とでもいうべきものです。したがっ

て、まずはご縁があって入った会社、配属された職場、そして与えられた仕事に対して、前向きに全身全霊で取り組むことから始めてください。それが、あなたにとっての社会人としての第一歩です。

◆会社があなたに期待していること

ここ数年、世界は新型コロナによるパンデミック（世界的大流行）に翻弄されてきました。僕にとっても長い職業人生のなかで初めての経験でした。企業の雇用や人事のあり方も劇的な変化を遂げました。「リモートワーク」にせよ「ジョブ型雇用」にせよ、「リスキリング」にせよ、それまで耳慣れなかった用語が飛び交い、以前とはまったく違った対応が求められてきています。

職業人生についても同様で、もはや「そこそこの会社に入れれば一生安泰」という、予定調和的な状況ではなくなってきました。会社任せのキャリアではなく、「自分のキャリアは自分で切り開く」といった前向きな姿勢が問われています。会社は、そのようなあなたの主体性に期待しています。これは、「キャリア自律」と呼ばれるもので、会社としても、自分で考え判断し、自律・自走できる社員を求めるようになりました。

ここでくれぐれも肝に銘じておくべきは、たとえそれが意に添わない配属であっても、あまり魅力を感じない仕事であったとしても、確実にそこがあなたにとっての出発点であり、周囲の人から見られるあなたのファースト・キャリアだということ。そし

4

て、どんな職場や仕事からでも、社会人や職業人としての学びの基本は得られるという事実です。

　新社会人には、仕事に向き合う謙虚さが求められてくるのです。

◆いまこの瞬間が人生でいちばん「若い」

　社会人1年生のあなたは、会社組織のなかではいちばん若い社員です。しかしそれは、「入社1年目だから」に限らないということもよく覚えておきましょう。

　長らく職業人生を歩んできた者にとっても、たとえば今日という日は一生に一度だけです。そして、「今日の自分」は、未来を起点とした自分の全人生のなかでいちばん若い存在です。「人生100年時代」といわれるようになりました。職業人生のスタートを切ったばかりのあなたにとっては、途方もなく先のことに思われるかもしれません。しかし、「光陰矢の如し」のたとえもあります。あっという間に時間は過ぎていくものです。

　そんな職業人生や仕事人生において重要なことは、何事にも日々新たな気持ちで取り組む姿勢です。昨日よりも今日、今日よりも明日。果たしてその時点での自分は、昨日までの自分と比較して成長しているだろうかと、常に自問自答する真摯さが大切です。常に内省し、自分の置かれている立場や果たすべき役割、達成すべき仕事上の成果を確認しながら、一歩一歩前進していくことが、結果として自己の成長につながっていくのです。

◆仕事の基本はいつの時代も変わらない

　経験を積みキャリアを重ねれば、自ずと人は成長します。問題は、それをどこまで続けることができるかです。最近では、「終身成長」や「生涯成長」といった考え方がより重要性を持つようになりました。

　入社１年目の社員が身につけておくべき仕事の基本は、いつの時代でもそんなに変わるものではありません。本書では、そんな仕事の基本について、厳選40項目を４部構成でピックアップして解説を加えました。「不易と流行」という言葉が示すように、時代を経ても変わらないものを仕事学の基本に据え、これに直近の変化をも取り込んで近未来を展望しながら執筆しました。

　それでは、だれもが身につけておくべき仕事学の基本について、早速見ていくことにしましょう。

　2024年３月

吉田　寿

目次

Ⅲ　職場の常識・対人関係編

Ⅳ　キャリア開発／ライフデザイン編

おわりに－20代で得る知見を大切に

表紙カバーデザイン ——斉藤重之
イラスト

I

社会人基礎力編

1. 社会人として まず身につけておくべきこと

◆「3つの能力」と「12の能力要素」

社会人としてのスタートを切ったら、まずは何から身につけていくべきでしょうか？ これには、いろいろな考え方があります。

そこでまず指針となるのが「社会人基礎力」です。社会人基礎力とは、経済産業省が主催した有識者会議により2006年に提唱されたもので、「3つの能力」と「12の能力要素」から構成されています。社会人基礎力は、「職場や地域社会で多様な人々と仕事をしていくために必要な基礎的な力」と定義されています（経済産業省 HP：https://www.meti.go.jp/policy/kisoryoku/）。

具体的には、次のような内容です。

1. 前に踏み出す力（アクション）

「前に踏み出す力」とは、一歩前に踏み出し、たとえ失敗しても粘り強く取り組む力のことです。ここでは、指示待ちのように受け身にならず一人称で物事を捉え、自ら行動できることが求められてきます。主体的に考え判断し、自律・自走できることと言い換えてもいいでしょう。

前に踏み出す力には、次の3つの能力要素が含まれています。

①**主体性**：物事に進んで取り組む力

②**働きかけ力**：他人に働きかけ巻き込む力

③**実行力**：目的を設定し確実に行動する力

つまり、まずは自分で主体的に取り組み、必要に応じて周囲の関係者を巻き込んで、達成すべき目標に向けて確実に前進できることです。これは、仕事の基本といっていいでしょう。

2. 考え抜く力（シンキング）

次が、「疑問を持ち、考え抜く力」です。考え抜く力とは、論理的に答えを出すこと以上に自ら課題を提起し解決のためのシナリオを描くこと。そこでは、自律的な思考力が求められてきます。

考え抜く力は、次の3つの要素から構成されています。

④**課題発見力**：現状を分析し目的や課題を明らかにする力

⑤**計画力**：課題の解決に向けたプロセスを明らかにし準備する力

⑥**創造力**：新しい価値を生み出す力

まずは、課題そのものを発見する力がなければ仕事は先に進みません。また、仕事を着実に進めていくためには、先を見通した計画性もなければならないでしょう。そのうえで、自分ならではの価値を仕事に加えることができれば、御の字です。

よく、「いろいろと考えてみたんですが、いい考えが浮かびませんでした」と言い訳する人がいます。そんな人に遭遇すると、「それは、ちょっと考え方が浅いな」と思ってしまいます。ここ

で問われているのは、「考える力」ではなく「考え抜く力」です。これまでの経験や身につけた能力を総動員して、全身全霊で考え抜くという「マインドセット」（心構え）が重要となります。

3. チームで働く力（チームワーク）

「チームで働く力」とは、「多様な人々とともに目標に向けて協力する力」のことです。それは、グループ内の協調性だけにとどまらず、多様な人々とのつながりや協働を生み出す力が求められてきます。「ダイバーシティ」（多様性）の重要性が語られる昨今では、特に重視すべき能力でしょう。

チームで働く力を構成する要素は、次の6つとされています。

⑦**発信力**：自分の意見をわかりやすく伝える力

⑧**傾聴力**：相手の意見を丁寧に聴く力

⑨**柔軟性**：意見の違いや相手の立場を理解する力

⑩**状況把握力**：自分と周囲の人々や物事との関係性を理解する力

⑪**規律性**：社会のルールや人との約束を守る力

⑫**ストレスコントロール力**：ストレスの発生源に対応する力

これからの働く環境を前提とすると、この6つは、どれ1つ欠けてはならない能力といえます。

◆どの能力に秀でるか？

それでは、ここで見てきた社会人基礎力のどの能力に秀でるのがよいのでしょうか？ これには、あなたの置かれた立場や育ってきた環境によって、いろいろなケースが考えられます。また、

入社後に配属される職場や担当する仕事によっても、最優先で身につけるべき能力は、自ずと違ってくるでしょう。全部いっぺんに身につけるのは至難のワザですから、これらの必須能力を意識しながら、仕事を通じて一つひとつ習得していくことが近道です。

　ここにあげられている社会人基礎力の定義に即して、折に触れセルフチェックを行い、その時点での自分の強み・弱みや克服すべき課題をクリアにして、向上させるべき能力を明らかにしておくことは大事な取り組みといえるでしょう。

◆人生100年時代に求められる社会人基礎力

　2018年に経済産業省は「これまで以上に長くなる個人の企業・組織・社会との関わりのなかで、ライフステージの各段階で活躍し続けるために求められる力」を「人生100年時代の社会人基礎力」と新たに定義しています。

　そこでは「社会人基礎力の3つの能力と12の能力要素を内容としつつ、その能力を発揮するにあたって、自己を認識してリフレクション（振り返り）しながら、目的（どう活躍するか）、学び（何を学ぶか）、統合（どのように学ぶか）のバランスを図ることが、自らキャリアを切りひらいていく上で必要」と位置づけています。

　社会人基礎力も、時代の変化とともに常にアップデートし続けていくことが求められているのです。

図表1 「人生100年時代の社会人基礎力」の概念

❖「人生100年時代の社会人基礎力」は、能力を発揮するにあたって、自己を認識してリフレクション（振り返り）しながら、目的、学び、統合のバランスを図ることが、自らキャリアを切りひらいていく上で必要と位置づけられる

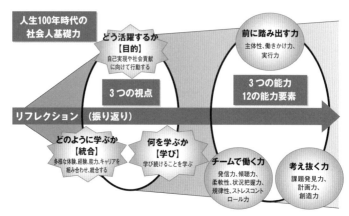

資料：経済産業省「人生100年時代の社会人基礎力とリカレント教育について」
p.3より引用
https://www.meti.go.jp/report/whitepaper/data/pdf/20180319001_3.pdf

2. 人は外見がすべてと知る

◆人は見た目が9割

　少し前までは、「顔じゃないよ心だよ」とか「ボロは着てても心の錦」などというフレーズがよく聞かれました。心の美しさや心映えのよさは、社会人にとって一生をかけてでも身につけるべき大事なことで、それはいまでも変わらないと信じています。しかしその反面、『人は見た目が9割』（竹内一郎、新潮新書）などのタイトルに代表されるように、やはり外見は重要というのも偽らざる真実です。「理屈はルックスに勝てない」ともいわれます。

　このことを裏づけるものに「メラビアンの法則」があります。そこでは、人と人とのコミュニケーションにおいて、言語情報が7％、聴覚情報が38％、視覚情報が55％のウェートで影響を与えるとされています。1971年に心理学者のアルバート・メラビアンによって提唱された、心理学上の法則の一つです。言語情報（Verbal）、聴覚情報（Vocal）、視覚情報（Visual）それぞれの英語の頭文字をとって「3Vの法則」（7-38-55ルール）とも呼ばれています。

つまり、直接的に話したり書いたりすることで相手に伝える言語（バーバル）による影響はたったの７％で、残りの93％は、言語以外の（ノンバーバルな）影響力だというわけです。やはり見るもの聞くものが物を言うということであり、ノンバーバルの重要性を意識すべきことがわかります。

　社会人としてスタートを切ったからには、やはり外見は大事。人間としての内面の充実は永遠のテーマですが、見てくれも重要ということをいま一度肝に銘じておきましょう。

◆身だしなみの心得

　僕自身は、学生時代までは、あまりきちんとした格好をしたことがありませんでした。だから、スーツにワイシャツ、ネクタイといっても、どうコーディネートするのが妥当なのか、最初は戸惑ったものでした。本屋さんに行ってメンズ雑誌の特集号などを買ってきては、正しいネクタイの結び方を見よう見まねで鏡の前で何度も練習したこともありました。デパートの紳士服売り場に行っては、そこの店員さんにコーディネートのバリエーションについてアドバイスをしてもらって、少しずつ覚えていったものです。

　時にはブランド物のかなり高価なスーツを衝動買いしてしまい、有名ブランドだから少し鼻高々で着こなしていた時期がありました。しかし、仕事用で着るスーツはやはり傷むのも早く、その高級ブランドの４分の１程度の値段で買えるスーツでも耐久性

がほぼ同じであることを確認してからは、そちらのスーツを4着購入して、TPO（時間、場所、場面）に応じてローテーションで着用するようにしました。

　ビジネスパーソンを自認するあなたなら、男女に限らず自分がビジネススーツをそつなく着こなして、街中を闊歩しているイメージをまずは思い浮かべましょう。かつては、かなり格式張った身だしなみが求められたりもしましたが、今は自分なりのさりげない自己主張も個性として認めてもらえる時代です。

　決められたルールのなかで、どう自分をうまく出していけるか、自分流の身だしなみを早くに確立していってください。

◆ドレスコードに準拠する

　もっとも会社によっては、ドレスコードのようなものをルール化しているところもあります。そんな会社の場合には、まずはそのドレスコードに準拠した身だしなみに留意しましょう。

　たとえば昨今では、社員のウェルビーイング（Well-being；身体的・精神的・社会的に良好な状態）の推進やダイバーシティを尊重し、身だしなみや服装については会社が画一的に決めるのではなく、その会社の社員として相応しい服装は社員の自律的な判断に委ねるとする企業も増えてきました。

　服装や身だしなみの着眼点としては、たとえば次のとおりです。

1.**頭髪**：清潔に整えられTPOに照らして適切なヘアスタイル。

ヘアカラーも自然なものに

2. **顔**：まずは清潔第一。髭については、一般的なビジネスシーンで許容される範囲で判断。ただし、無精髭は不可

3. **服装全般**：業務の効率的な遂行に支障を及ぼさないもの。色や柄、ボトムスの丈もTPOに照らして適切な範囲で。清潔第一

4. **香り・匂い**：香水やコロン、頭髪料等の香りや匂いは周囲に不快感を与えないものとする

5. **足下**：色や柄はTPOに照らして適切な範囲で。清潔感があるもの

◆服装は相手に応じて柔軟に変える

　僕のようにクライアント企業を相手としたコンサルティングを生業としている者の場合には、自分の服装はその相手のクライアントの状況に応じて柔軟に対応することになります。

　たとえば、いつもしっかりとスーツを着用してネクタイもきちんと締めているお客さまであれば、こちらもその服装に対応した身だしなみを心がけます。カジュアルな服装を推奨しているお客さまであれば、こちらもラフでカジュアルな格好で訪問することもあります。最近では、スーツの上着も着用せずノーネクタイというお客さまも増えていますので、こちらもそれに呼応する対応を取るケースも増えてきました。

　あくまでも、TPOに応じた対応をお客さまに失礼にならないよう心がけ、都度判断するというのが基本です。

3. 挨拶はとにかく元気よく

◆ 「挨拶」という言葉の由来

「礼に始まり礼に終わる」

僕は、学生時代に空手をやっていました。そんな多少の武道経験があったので、礼を尽くすことや挨拶をすることの重要性は、社会人になる以前から骨身に染みてよく理解していたつもりです。

歴史を紐解くと、「挨拶」という言葉は禅に由来するとされています。その語源は、宋代に成立した仏教書である『碧巌録』に記載されている「一挨一拶」に求められます。そこでは、修行者が互いの修行の成果を質問し合うことによって、悟りや知識・見識等の深浅を見極める行為を指していました。これがのちに、人と儀礼的に交わす言葉という意味となり、今日的な「挨拶」となったといわれています。

確かに挨拶の重要性については、僕も物心ついた頃から、たとえば両親などによって教えられました。それでは、どんな観点から挨拶は重要なのでしょうか？

◆社会人にとっての挨拶の重要性

　まず、できて当たり前と思われる挨拶ですが、社会人になってみると、意外とできていない人が多いことに驚かされます。挨拶ができない人は常識がない人とみなされ、職場での評価もあまり芳しくなくなってきます。一方、挨拶さえしっかりできていれば、それだけで印象はよくなります。相手からの印象がよくなり人間関係が良好となれば、挨拶という行為によって、自らの心を開き相手を認めることもできるようになります。

　挨拶は、相手に対する親愛の情や尊敬の意を示すための行為です。その場面に適した挨拶や礼にかなった挨拶は、相手と良好な関係を築くきっかけとなり、人間関係を円滑にするための手がかりとなります。このように、挨拶は社会のさまざまな場面において基本的な礼儀・マナーとして重んじられているのです。

◆朝の挨拶から仕事が始まる

　早朝に出社した際に使われる「おはようございます」は、自分よりも先に出社している職場の上司や先輩、同僚に対する労いの言葉となります。社会人となっても、日常において何気なく使い慣れた言葉が、朝から始まる仕事に活力を与えることになるのです。だから、朝の挨拶は明るく元気よく、相手の目を見て実施しましょう。

　同様に、日中における「こんにちは」や、別れる人に対する「さようなら」といった表現も、挨拶における重要な要素となっ

ています。また、出迎えの際にお辞儀をする、別れ際に手を振る、といった身振り・手振りも、挨拶における重要な表現といえます。

外出時や帰社の際にも、積極的に声かけをしましょう。自分が出かけるときや帰社した際には、「いって参ります」や「ただいま戻りました」。職場の仲間が出かける際には、「いってらっしゃい」や「お帰りなさい」。相手が先に退社する際には、「お疲れさまでした」。自分が先に退社する際には、「お先に失礼します」などです。これらは、日頃の心がけ次第で、だれでも無理なく実践できることです。

『人を動かす』（創元社）などでつとに有名なデール・カーネギーは、かつて「人に好感を持たれたいなら、だれに対しても挨拶をすることだ。挨拶ほど簡単でたやすいコミュニケーションの方法はない」といったそうです。確かに挨拶は、入社１年目のあなたでも、心がけ次第でたやすくできるコミュニケーション手段といえるでしょう。

◆挨拶とお辞儀は表裏一体

挨拶と表裏一体ともいえるものにお辞儀があります。挨拶とお辞儀はコインの裏表で、挨拶をしようとすると自然とお辞儀をしていたり、お辞儀をしながら挨拶をしたりということもあります。

お辞儀は、親愛や感謝、尊敬の気持ちを表す際に自然に頭を下

げる行為です。これも、古来より受け継がれてきた日本の作法といわれています。お辞儀を適当にしてしまうと、相手にあなた自身やあなたの会社に対する印象を悪くしてしまう場合もありますから気をつけましょう。正しいお辞儀の種類を学び、その場に合わせた丁寧なお辞儀を心がけることも重要です。

お辞儀は、通常3種類に分かれます。一般的なマナーの本などにも次の3種類が紹介されていますので、覚えておきましょう。

1. **会釈**：もっとも軽く腰から曲げるお辞儀のこと。これは、横から見て腰を15度倒すのが基本です。主に廊下などですれ違った際に行います

2. **敬礼**：腰から上を30度ほど倒して行うお辞儀のこと。ビジネスにおいては、もっとも一般的なお辞儀で、社内の人に対してだけではなく、来客への挨拶や会議室への入退室の際にも実施されます

3. **最敬礼**：よりいっそうの敬意を表し、45度の角度でするお辞儀のこと。取引先の代表責任者など非常に重要な相手への挨拶や、重要な依頼や謝罪をする際、または冠婚葬祭の場などで実施します

仕事柄、お客さま先で講演やセミナー講師の仕事に携わる機会があります。仕事が終わって会社の玄関先などで僕が乗ったタクシーの見送りをしていただく際に、その会社の関係者の方々に最敬礼で見送っていただくこともあるのですが、そんなときにはいつも身が引き締まる思いがするものです。

4. 正しい言葉遣いと ビジネス用語を習得する

◆社会人なら正しい言葉の使い方を知ろう

　社会人となっていちばん気を遣うのが言葉遣いです。学生の頃は、友だち同士ならタメ口も許されました。親兄弟の間であれば、多少はぞんざいな言葉遣いでもよかったかもしれません。仲間内で流行っている若者言葉などは、むしろ率先して使っていたのではないでしょうか？　しかし社会人ともなれば、なかなかそうはいかなくなります。社内の会議やお客さまとの打ち合わせといった場面でも、社会人には正しい言葉の使い方が求められてきます。

　社会人としてのコミュニケーションの基本は敬語です。「相手を敬って話すとはどういうこと？」「そもそも敬語って何？」という人もいるでしょう。意味が曖昧なまま無意識に使っている言葉があったり、丁寧にしようと意識しすぎておかしな日本語になっていたりする人もいます。

　一定レベルの正しい知識がなければ、正しく言葉を使うことはできません。使用する語彙のみならず、尊敬語と謙譲語の使い分

けや二重表現の知識などは、社会人であれば必須といえます。

◆ 「敬語」の種類と「二重表現」

　かつて「ボキャ貧」という言葉が流行ったことがあります。社会人1年生のあなたにはちょっと馴染みの薄い表現かもしれませんが、「ボキャ貧」とは、「ボキャブラリーが貧弱」なこと。つまり語彙力が足りないことです。「自分は語彙力が足りないから、もっと語彙力を鍛えねば…」と思っている人もいるかもしれません。しかし、言葉遣いを向上させる方法は、単純に語彙力を増やすことだけではありません。

　社会人として適時・適切な言葉を使うためには、「敬語」の使い方や「二重表現」などにも気を配らなければなりません。

　「敬語」とは、相手を敬うときに使う言葉で、「尊敬語」「謙譲語」「丁寧語」の3種類があります。簡単に整理しておくと、次のとおりです。

1. **尊敬語**：目上の人や自分より立場が上の人の動作や状態を敬う言葉です。たとえば、「お聞きになる」や「お与えになる」のように、多くの尊敬語は「お〜になる」の形をとります。言葉の基本形から変換される尊敬語もあります。たとえば、「見る」という動作の尊敬語は「ご覧になる」で、「食べる」の尊敬語は「召し上がる」などです。これらの定型的な尊敬語は、一つずつ覚えて活用できるようにしましょう

2. **謙譲語**：自分がへりくだることで相手を立てる言葉です。たと

えば、「申し上げる」や「伺う」「拝聴する」などです。それぞれの単語の謙譲語を一つひとつ覚える必要があります

3. **丁寧語**：聞き手に対して丁寧に述べる言葉です。「です」「ます」「ございます」などをつけて用います。上司や先輩、お客さまなど、仕事相手に対しては敬意を払い丁寧語を使うことが基本です

　これに対して、「二重表現」とは、同じ言葉を繰り返し使うことで、「重複表現」とも呼ばれています。たとえば、「いにしえの昔の武士のさむらいが、馬から落ちて落馬して…」という言葉遊びがありますが、これなどは、典型的な二重表現（重言）です。また、「頭痛が痛い」のような言い回しもよく引き合いに出されます。「頭痛」には、すでに「頭が痛い」という意味があるので、正しくは「頭が痛い」です。

　このような二重表現は、気づかないうちに使ってしまっている場合がありますから、くれぐれも注意しましょう。

◆大切にしたい「大和言葉」

　日本人に生まれたならば、ぜひ大切にしたいと思えるものに「大和言葉」があります。かつて本居宣長は、「敷島の大和心を人間はば朝日ににほふ山ざくら花」と詠みました。僕は、日本人の心がよく表れた歌だと勝手に解釈しているのですが、この大和心をもっともよく表現しているのが大和言葉だと考えています。

　「お手すきの際に」や「心待ちにする」「たおやか」「胸を打

つ」などの日本古来の言葉である大和言葉は、とても柔らかい印象を与え、言葉に気遣いが込められていることを感じさせるので、言葉遣いをレベルアップさせたい人には学ぶことをおすすめします。

　ネットなどで検索すると、本当にたくさんの大和言葉が出てきます。ご自身の心の琴線に触れるような表現は、都度覚えていって、仕事でも使ってみてはいかがでしょうか？

◆「ビジネス用語」の語彙を増やす

　「ビジネス用語」も早急に覚えたい言葉遣いです。ビジネスの現場でよく使われる言葉や言い回しで、外来語に由来するものや略語、その業界や会社特有の用語もあります。ビジネス用語を用いることは仕事の基本ですので、都度覚えていきましょう。

　さながら空中戦のように日常の職場で知らない単語が飛び交う

こともあるので、新入社員のうちは覚えるのが一苦労という場合もあるでしょう。たとえば、「アサイン」や「インプット」「スキーム」「タスク」「ドメイン」「ネゴシエーション」など、事例をあげれば枚挙に暇がないほどです。

　知っているビジネス用語が多いほど、職場の他のメンバーに自分の意見や考えをうまく伝えることができます。ただ多くの場合、あらためてこれらを教えてもらえる機会や場もないので、独力で学んでいく必要があります。

　ビジネス書や雑誌、ビジネス関連のニュースや専門的なプレゼンテーション、日々のミーティングや同僚とのちょっとした雑談のなかで内容を理解し、よく使われるビジネス用語の語彙を増やしていく努力が日常的に求められます。

5. 社内外コミュニケーションに強くなる

◆多様化する社内外コミュニケーション・ツール

新入社員のあなたもこれまでの経験のなかで、コミュニケーション・ツールが実に多様化してきていると、感じていることと思います。

かつては、だれか遠方の人と連絡を取りたい場合には、もっぱら固定電話でした。それが1990年代以降、インターネットの普及と軌を一にするように、パーソナル・コミュニケーション・ツールとしての携帯電話が主流となり、iPhone などの登場によって2000年代の半ば以降は、1人1台スマートフォンの時代に突入します。最近では、SNS（ソーシャル・ネットワーク・サービス）などもごく身近な存在となり、プライベートでは LINE などによるチャットもごく普通に行われるようになりました。

さらに、近年の新型コロナの影響もあり、Zoom や Teams に代表されるオンライン会議などのコミュニケーション手段が、必要に迫られ半強制的に導入されました。僕なども最初の頃はかなり手こずったものでしたが、3年も経つと一つのコミュニケー

ション手段として、どこの会社でもごく普通に使われるようになりました。チャット機能も充実し、社内でのコミュニケーションは、日常的にチャットで頻繁に行われるようになっています。

しかし、対外的なコミュニケーション手段としては、いまでもメールか電話というところが多いのではないでしょうか？

◆まずはメール、そして電話で

私生活のなかで行われるコミュニケーションの場合なら、どのような手段を用いるかはあまり意識しなくてもいいかもしれませんが、仕事を通じた社内外でのコミュニケーションとなると、話は違ってきます。

いまは、リモート環境で仕事が行われている会社も少なくないと思います。そんな場合、仕事上のやり取りは、社内も社外もまずはメールからスタートということになるでしょう。したがって、メールのなかで相手に伝えるべきこと、伝えたいことを、簡潔にわかりやすく伝えるスキルは、必須となってきます。ビジネス文書の作成方法などの基本は、実務を重ねるなかで追々学んでいくことになりますが、重要なのは伝えるべき中身です。

メールが社内のコミュニケーション・ツールとして普及し始めたばかりの頃、若手クラスによく見られたことは、伝える対象が上司であれ同僚であれ、メールを相手に出した瞬間に自分の仕事上の義務は果たされたと、勘違いする社員が少なからずいたことでした。「あの件、メールしておきましたから、あとで確認して

おいてください」。隣の席に座っている後輩が僕にそういって離籍しようとしたときなどは、「○○さん、隣に座っているんだから、直接報告してくれてもいいんじゃない？」と、思わず言葉に出してしまったこともありました。

　通信手段や伝達手段が便利になるのはよいことです。しかし、仕事上で伝えるべきことは、面と向かってのダイレクト・コミュニケーションの必要性を感じます。もし、コロナ禍のように直接会うことが憚（はばか）られる状況なら、特に社外のお客さまに対しては、いったんメールをしたあとで、電話で確認するくらいの配慮は必要だろうと思います。なぜなら、直接生の声で趣旨を伝えることができる絶好の機会だからです。この場合、ミス・コミュニケーションは、絶対に避けなければなりません。

　「時は金なり」のビジネス社会では、相手に伝えるべき内容は「簡にして要」が基本です。特に社外のお客さまには、多忙な時間を割いてこちらの申し出に応えていただいているという状況もあります。要領を得ない伝え方は、相手の貴重な時間を無駄にさせてしまうばかりか、こちらの評価を下げてしまうことにもつながります。顧客接点の多い営業職であれば、顧客満足度の低下となりますから、とりわけこのあたりの心構えが重要です。

◆直接会って話すことの重要性

　コロナ禍といわれる環境に身を置くようになってから特にもどかしく思えたことは、社内の人間にしろ社外のお客さまや取引先

の関係者にしろ、直接会えなくなってしまったことでした。

　僕自身は、コロナ禍に所属組織を変えたこともあり、人と会えないことの不便さや不自由さ、不都合さを痛感しました。新しい職場はフルリモート環境での就業だったので、会社に出社する機会が極端に減りました。久し振りに会社に出かけるのは、個人宛に郵便物や配布物が届いたときか、クライアント先に持参する成果物や打ち合わせ資料を印刷する必要性に迫られた場合でした。

　社内の人間も、入社後しばらくの間は直接会う機会が持てず、とても残念なケースでは、直接会う機会が一度もなかった社員もいました。コロナの環境が厳しかった頃は、クライアントへの提案や定例ミーティングも、原則オンライン会議だったので、お客さまとも直接会えないまま、一つの案件やプロジェクトが終了してしまったこともありました。

　そんな経緯から、昨今では、社内関係者にせよ社外のお客さまにせよ、会える機会が出てくれば直接会って、コミュニケーションを取る機会を意図的に増やしています。

　実際に会ってみると、オンライン会議でパソコンの画面越しに見ていた相手のイメージが違っていたことに気づきます。「この人、意外と背が高い」とか、「画面越しでは硬い表情に見えたけど、結構フレンドリーなんだ」とか、あらためて気づかされることもありました。

　どんなにテクノロジーが進化し便利な世の中になっても、やはり直接会って話す重要性をあらためて痛感しています。

6. 「就業規則」は職場の憲法

◆組織人としての自覚を持とう！

　学生時代は、何をやっても基本的には自由でした。自分の判断や裁量でいかようにも振る舞える自由度がありました。

　友だちと飲み会を企画して、１次会や２次会、時には３次会にまでなだれ込んで朝帰りをしたとしても、勝手気ままな時間を過ごすことが許されていました。まさに学生の特権です。

　しかし、社会人となってみていちばんに感じるのは、これらの自由度がかなり制約されてくるということです。会社に入ると、社会人として、あるいは組織人としての責任を担うことになるからです。もし仮に何か過失を犯してしまったら、社名とともに自分の名前が世間に公表されてしまったら、自分ばかりか所属する組織の社会的な信用を毀損させ、失墜させてしまうことにもつながります。だから、組織人としての自覚はきちんと持ったうえで、立ち居振る舞いには十分留意しなければならないのです。

　会社生活が始まると、出社から退社に至るまで就業時間のなかで仕事を進めることになります。実は僕も社会人になりたての頃

は、この就業時間で管理されることが窮屈でたまりませんでした。もっと自由な環境に身を置かせてもらったほうが、のびのびと仕事ができ、もっと創造的な発想も生まれるのになぁ…と思ったものです。どうして会社に入ると、時間に拘束されるのか。拘束されるというよりも、時間によってがんじがらめに縛られて身動きがとれない状態のように思われたのです。

◆就業管理が職場の基本

　人事の実務で就業管理の仕事を担当するようになって、これも少しずつ理解できるようになりました。最初の配属先で人事実務を手がけ始めた頃、最初に勉強させられたのは人事関連諸規程でした。来る日も来る日も、分厚い人事諸規程ファイルとの格闘だったのです。「とにかく読んで、何かわからないことがあったら質問して」と先輩にいわれ、読んではみたもののさっぱりわからなかったのを、いまでもよく覚えています。

　しかし、次第にわかってきたことは、就業管理のなかでタイムカードなどから得られた情報が給与計算に直結し、それが実際の給与の支払いにつながるものだということです。「人はなぜ働くのか？」という問いにきわめてシンプルに答えるなら、それは基本的には生活のためであり、生活が行えるよう給料を稼ぐことであるわけです。そのためには、社員の働きに関するデータは、正確に給与計算に反映されなければなりません。

　給与計算に反映させるべき就業関連データとは、たとえばその

月に何日働いたか、遅刻や早退、欠勤はなかったか、年次有給休暇は何日取得しているか、残業時間はどの程度だったか、などになります。これらはすべて、正確な給与計算への反映のためには必須のデータです。

　そして、これらに関するルールをまとめているものが「就業規則」です。就業規則の定めに応じて就業管理がなされ、給与の支払いをはじめとする社員の労働諸条件が決められているわけです。「就業規則は職場の憲法」といわれるゆえんがここにあります。

◆就業規則の基本的構成

　僕は、人事の駆け出し担当という立場でしたから、必要に迫られて、就業規則やその上位法である労働基準法についても勉強しなければならなくなりました。しかし、その立場ではない新入社員のあなたにとっても、会社における就業規則とはこのような位置づけにあるものなので、時間があれば自分の会社の就業規則を折に触れ確認することは、決して無駄な努力ではないと思います。

　ここで、就業規則にはどんなことが記載されているか、簡単に説明を加えておきましょう。基本的な構成を知っておけば、多少は取っつきやすくなると思います。

　就業規則に記載すべき内容は、おおよそ次の3つの事項です。

1. 絶対的必要記載事項：絶対に記載しなければならないもの
 – 始業および終業の時刻、休憩時間、休日、休暇ならびに交替制
  の場合には就業時転換に関する事項

- 賃金の決定、計算および支払いの方法、賃金の締切りおよび支払いの時期ならびに昇給に関する事項
- 退職に関する事項（解雇事由を含む）

2. **相対的必要記載事項**：会社として定めをする場合、必ず記載しなければならないもの
- 退職手当に関する事項
- 臨時の賃金（賞与）、最低賃金額に関する事項
- 食費、作業用品などの負担に関する事項
- 安全衛生に関する事項
- 職業訓練に関する事項
- 災害補償、業務外の傷病扶助に関する事項
- 表彰、制裁に関する事項
- その他全労働者に適用される事項

3. **任意的記載事項**：会社が任意に記載することができるもので、社会通念や公序良俗などを踏まえて会社が独自に定めるもの

　僕は、就業管理の仕事からスタートした関係で、入社1年目から労働組合（労組）対応も経験しました。当時の労組の強面の委員長や書記長には、「お前、そんなことも知らないのか!?」とたびたびお叱りを受け、泣く泣く労働基準法などをマスターしたという経験があります。実務で厳しく鍛えられるうちに、この領域についてはきわめて短期間で理解できるようになりました。

　仕事とは、実務を通じて身につけていくのがいちばんの近道ということです。

7. 名刺はビジネス世界のパスポート

◆自分は何者であるかの証明

　社会人になって初めて会社から支給された名刺のことを、いまでもよく覚えています。社会人にとって、名刺のもつ意味合いは絶大です。少なくとも、自分が属する会社での自分の立場や立ち位置を証明してくれる大切なものとなります。

　たとえば、学生時代に名刺もなくどこか有名企業のキーパーソンに面会したいと思っても、なかなか会える機会はありません。しかし、いったん社会人となれば、その会社の社名や肩書きを利用してお客さま先のキーパーソンに会うことは、比較的容易になります。それこそ、まだ実力もともなわないうちから、しかるべき人と会える機会もあるのです。なかには、それが所属する会社のネームバリューのお陰であるのに、自分の実力と勘違いしてしまう社会人1年生もいますので、現実をよくわきまえることは重要ですが、名刺の効用はこんなところに出てきます。

　そこで新社会人としては、名刺の社名・肩書き（多くの場合、入社したてでは肩書きはありませんが）と自分の実力とが一致す

るよう、入社後に一意専心努力を重ねる必要があります。

　いずれにせよ「名刺は体(たい)を表す」と心に刻んでおきましょう。

◆名刺交換が重要な理由

　それでは、ビジネスシーンにおいて名刺交換が重要な理由は、どこにあるのでしょうか？　これには、おおよそ次の3つが考えられます。

1. 初対面での挨拶と自己紹介

　初訪の際、まずこちらが何者かをすぐ理解してもらうために、名刺を差し出すことになります。物事は最初が肝心です。最初の挨拶と自己紹介の際にはそこそこ緊張もしますが、自分を相手に印象づけるためにも、いちばん効果的なのが名刺交換です。

2. 自分の所属や立場の表明

　しかし、単なる挨拶と自己紹介だけでは不十分です。なぜなら、訪問先のお客さまにとって、上司や先輩が連れてきたあなたが、社内でどんな仕事をしているのかがわからなければ、仮に次の機会に問い合わせや依頼をしたいと思っても、あなたにお願いしていいものかどうか判断できないからです。

　会社での自分の役割や担当業務の話がうまくできれば、「そうなんですね。それでは、次回からこの件は○○さんに直接お願いしましょう」ということになり、自分に直接声がかかることだってあるのです。こんな感じで話が進めば、自分が少しは頼りにされていると実感でき、仕事の励みにもつながります。

3. お客さまネットワークの構築

　いろいろな場面を通じて、お客さまや取引先との名刺交換の機会に恵まれれば、次第にお客さまとの関係性ができてきます。仕事は、社内外の関係者とうまく連携をはかっていくことが重要です。

　名刺交換をしておけば、たとえいまの仕事が一段落しても、そこで築かれた人間関係は終了とはなりません。相手が何か新しい仕事に着手するとき、あなたの名刺が手元にあれば、ふと思い出して連絡してくれたりするものです。あなたとしても、何か新企画や新提案があれば、抵抗感なく相手に声をかけることもできますね。

　次なるチャンスに結びつけるためにも、お客さまネットワークの構築はとても重要です。

◆名刺交換の正しい作法

　そこで重要性の観点から配慮すべきは、名刺交換の作法です。

1. 名刺交換のタイミング

　まずは、名刺交換のタイミングです。たとえば、応接室や会議室などで相手と面会する場合には、入室し最初の挨拶を交わす際に行います。名刺は訪問した側から差し出すのが礼儀です。

2. 名刺の受け取り方

　次に、自分が名刺を受け取るにあたっては、両手でいただくのが基本です。名刺を受け取ったら、胸の高さに保ちます。この際、相手の名前の確認は、もちろん必須です。

3. 名刺の渡し方

名刺の受け渡しは、立ったまま行います。このとき、名刺は名刺入れに乗せて両手で持ちます。相手が読みやすい向きにして名刺を差し出し、記載されている会社名や所属、名前を名乗ります。

4. 複数人で名刺交換する場合

たとえば、お互いに上司と部下が2人ずつの場合には、最初に交換するのは、上司同士です。お互いの上司と上司が交換したら、次は部下同士の交換。さらにお互いの上司と部下、という組み合わせで名刺交換は進みます。複数人で名刺交換する場合は、必要な枚数を名刺入れから出しておき、名刺入れの上に乗せておくと名刺交換がスムーズに運びます。

5. 名刺の正しい置き方

名刺交換して所定の席に着いたら、相手の名刺は机の上の自分から見て左側に置きます。この際気をつけるべきことは、相手の名刺を自分の名刺入れの上に置くことです。こうすることで、相手の名刺を丁寧に扱っているという印象を、相手に与えることができます。

名刺を複数枚受け取った場合には、対面の相手側の座席の並び順に名刺を並べます。相手の位置と名刺を一致させることで、初対面で複数人いる場合でも、相手の名前を間違えることがなくなります。

6. 名刺のしまい方

受け取った名刺をしまうタイミングも重要です。話の途中でし

まってしまうのは、好ましいやり方ではありません。打ち合わせが終わったあとでも、できれば相手よりも少し遅れたタイミングでしまうのが、丁寧なやり方といえるでしょう。

7. 名刺交換で留意すべきこと

　名刺交換の際の留意事項もいくつかあげられます。まず、名刺は必ず名刺入れから出しましょう。上着やズボンのポケットから直接名刺を出すなどは作法としては好ましくありません。

　また、名刺交換で致命的といえるのは、名刺を切らしてしまうことです。お客さまなど社外の人と会う際には、必ず事前に名刺のストックを確認し、出かける際には忘れずにチェックすることを励行しましょう。

　受け取った名刺の扱い方も大事です。会議テーブルなどの上に並べて置くのはいいのですが、名刺の上に物などをうっかり置いてはいけません。また、帰り際には、置いた名刺を忘れてしまうことのないよう、くれぐれも留意してください。

　あとは、名刺交換の実践のなかで繰り返し行いながら、身につけていくしか方法はありません。

8. デジタル名刺

　最近では、デジタル名刺も活用されるようになっています。デジタル名刺は、紙の名刺をデータ化してオンライン上で活用されるもので、スマートフォンやタブレットに表示された QR コードを読み取ってもらう方法や、名刺情報が入った URL をアプリ内で管理するものがあります。

8. 来客応対は誠意をもって丁寧に

◆ 「自分が会社の代表」を意識した対応を

　入社後1ヵ月ほどの新入社員研修の期間を終えて、僕が赴任したのは、ゴールデンウィークが明けた5月初旬のこと。配属先は、稼働してまだ半年ほどの、最先端のFA（ファクトリー・オートメーション：工場の生産工程全体の自動化）を実現した最新鋭の工場でした。工場内では無人搬送車が縦横に走り、製造ラインでは組み立てロボットや試験ロボットが何台も稼働していました。ビジネス雑誌でも紹介されるほどの、会社としても当時かなり力を入れていた工場でした。外部のお客さまに積極的に見ていただくための工場でもあり、工場全体が一つのショールームのような機能を果たしていました。実際に、月に数千人規模のお客さまの訪問がありました。

　僕自身も、新入社員研修の一環で、配属前のタイミングで一度見学していましたが、この工場に配属後すぐに指示を受けたのが、工場を訪れるお客さまへの工場見学対応の仕事だったのです。当時の上司にいわせれば、「いちど工場見学しているから、

できるだろう」とのことでした。

かなりの無茶振りとも思えましたが、いわれた以上はやるしか
ありません。案内パンフレットやビジネス雑誌の記事を夜遅くま
で読み込んで工場の特徴を把握し、技術部門の管理職の方などに
も事前によく話を聞いて PR ポイントを押さえ、総務の受付担当
には工場内の見学コースの道順を確認しながら、なんとか粗相の
ないよう初仕事の工場見学をやり遂げることができました。

どんなに社歴が浅くともお客さまの前に立てば、その瞬間から
自分が会社の代表となります。来客応対の重要性を骨身に染みて
体験した僕の初仕事でした。

来客応対にさしたるノウハウも持たない新入社員の場合には、
とにかく誠意をもって丁寧に当たることが、いちばんの近道です。

◆来客応対のための基本 5 Step

さて、来客応対は、新入社員研修のなかでもビジネスマナーの
基本として学ぶ重要テーマです。来客応対の基本は、次の5つの
Step からなりますので、ポイントを押さえておきましょう。

Step 1. 入念な事前準備

まずは、お客さまをお通しする応接室や会議室の予約確認と準
備です。会議室予約システムなどで事前予約をする仕組みの会社
も多いので、事前によく確認しておきましょう。使用する応接室
や会議室は、その直前まで使用されている場合、片づけがきちん
となされているかどうか確認することも重要です。

Step 2. 快くお出迎え

　お客さまがいらしたら速やかに出迎え、「いらっしゃいませ」「こんにちは」と笑顔で挨拶します。そして、お客さまのお名前を伺ったら、「○○会社の△△様ですね」と復唱するとよいでしょう。この際に、「いつもお世話になっております」とひと言添えると好印象です。

　次に、アポイントの有無や用件を確認します。アポイントの確認が取れたら、次は応接室や会議室へ案内します。もし、事前のアポイントがない場合は、社内担当者がだれかを伺います。

Step 3. 応接室や会議室へのご案内

　ご案内の際には、たとえば「○階の会議室へご案内します」など、行き先をきちんと伝えます。

- 廊下では、案内者はお客さまが通路の中央になるよう、お客さまの2～3歩斜め前を歩きます
- エレベーターでは、先に自分が乗って操作ボタンの前に立ちます。お客さまが乗り降りされる際には、ドアが閉まらないよう手で押さえます。乗っているときに、お客さまに背中を向けないのも礼儀です
- 階段では、お客さまより常に自分が下にいるよう心がけます。上がるときは自分が後、降りるときは自分が先です

　目的の場所についたら、ドアを2～3回ノックして空き室であることを確認します。ドアが開いている際も、ノックすることで合図しましょう。また入室の際には、ドアが内開きなら自分が先

に、外開きなら自分が後に入ります。「こちらにお掛けください」と声をかけ、担当者が来るまでお客さまにお待ちいただきます。ここで大切なことは、お客さまに上座（上席）に座っていただくことです。お客さまが座られたら「失礼いたします」と一礼して部屋を出ます。

Step 4. お茶を出す

最近はお茶出しを省略したり、給茶機やペットボトルを使用したりすることで代用するケースも増えました。しかし、お茶の正しい出し方をきちんとわきまえておくことも大切です。

まずお茶は、湯のみの7〜8分目まで入れ、運ぶ際にはお盆に乗せ胸の位置で両手で持ちます。運ぶ途中でこぼれないよう、茶托には乗せずに運びます。

ノックをし「失礼します」といって入室し、上座に座っている上席者から順に一客分ずつお出しします。湯のみは茶托に乗せ、お客さまの右側から出します。お茶を出し終えたら、お盆の内側を自分側に向けて左脇に抱え、目礼のみで退出します。

Step 5. 丁寧にお見送り

重要なお客さまが車でいらしている場合は、車の前で挨拶をし、車が見えなくなるまでお辞儀をしてお見送りします。オフィスがビルの上層階にある場合は、エレベーターホールの前までお見送りします。お客さまにお礼をし、エレベーターのドアが完全に閉まるまで、お辞儀のまま姿勢を崩さないようにします。オフィスが玄関に近い場合は、お見送りは玄関までが一般的です。

9. お客さま第一主義を徹底する

◆顧客利益第一という考え方

　僕がコンサルタントとしてのキャリアを歩み始めた頃、会社主催のコンサルタント養成セミナーのなかで、外資系コンサル・ファーム出身の講師が強調していたことは、「クライアント・インタレスト・ファースト」（Client interest first；顧客利益第一）で、コンサルタントの基本スタンスだと教えられました。

　しかし、お客さまの利益を第一に考えるという発想は、コンサルタントだけに限った話ではありません。企業で働くすべての社員に共通するものだと思います。特に顧客接点の最前線にいる営業職の場合は、このことを痛感する機会も多くなってきます。

　自分は営業ではなく内勤なので、あるいは間接部門にいるから、お客さま第一とは縁遠い存在だと考える人もいます。しかし、メーカーなどでは「次工程はお客さま」といわれます。これは、社内の他部門であっても、自分や自部門と関わりのある関係者・関係部門はお客さまと見立てて対応すべしという考え方です。

　言い換えるなら、営業であれ管理部門であれ、自分が相手側に

立ち相手側の利益をよく考えて行動することは、社会人として働くうえでの基本ということです。

　ちなみに、「クライアント・インタレスト・ファースト」には「マネー・フォローズ」（Money follows；お金はあとからついてくる）が続きます。つまり、それが企業の営利活動の一環として行われる以上、「お客さまは神様です」といった精神論ではなく、実利がともなうものだから大事だということです。それを如実に意識するのが、お客さま訪問の機会ということになるでしょう。

◆お客さま訪問のための基本3Step

　営業部門に配属されればすぐにその必要性が出てきますが、大切な得意先や取引先へのお客さま訪問は、きちんと段取りを踏まえて実施することが肝要です。

Step 1. アポイントメントを取る

　訪問するにあたっては、必ずアポイントメントを取ること（アポ取り）がマナーです。アポ取りは、少なくとも訪問の1週間前には行いましょう。その際に必ず確認し相手に伝えることは、①訪問日時、②用件、③所要時間、④人数の4つです。

　基本は先方都合を優先し、相手の迷惑にならない日時を選びます。アポイントが取れたら、訪問先までのルートと所要時間の確認、必要書類や資料の準備と確認を行いましょう。

Step 2. お客さまを訪問する

　訪問時の行動を場面ごとに切り出すと、次の4つに分かれます。

1. 到着

遅刻は厳禁です。現地には、約束の時間の10分から15分前には到着するようにしましょう。身だしなみもきちんと整えておきます。コート等は玄関前で必ず脱ぎ、片手にまとめます。上着を脱いでいた場合には、玄関前で着用します。

2. 受付

受付では、受付担当に会社名・氏名・訪問相手・用件・約束の有無をきちんと伝え、必要に応じて名刺を出して取り次ぎを依頼します。会社によっては受付で来訪者用のバッジが渡されたり、来訪者名簿への会社名・氏名・訪問部署の記入を依頼されたりすることがありますので、受付の指示に従いましょう。

無人受付の場合には、受付にある内線で担当者を呼び出します。本人以外の方が取り次いでくれる場合には、会社名・氏名・訪問相手・用件・約束の有無などをはっきりと伝えましょう。

3. 案内

応接室などに案内されたら、席をすすめられてから指示された席に座ります。コートや手荷物は、サイドテーブルがあればまとめてそこに置きます。打ち合わせに必要な書類と名刺をあらかじめ準備しておき、相手を静かに待ちます。

4. 面談

相手が部屋に入ってこられたら、すぐに立ち上がって挨拶をします。「どうぞお掛けください」といわれてから、「失礼します」と断わって腰をかけます。

まず、面談の機会をいただいたことに対する謝意を述べます。たとえば「本日はご多用の折、貴重な時間を頂戴いたしまして、本当にありがとうございます」といったお礼の仕方がスマートです。次に、相手の許容時間を確認します。たとえば「本提案のご説明には40分ほどかかりますが、ご都合はよろしいでしょうか？」などです。もし、相手が20分程度しか時間が取れないとわかれば、臨機応変に説明の仕方を変えましょう。

　これらを経たのちに話の本題に入ります。

Step 3. 帰社後の実施事項

　お客さま訪問から帰ったら、上司へ面談内容の報告が必要な場合には報告を行います。必要に応じて職場のメンバーにも情報共有し、自分が不在の間の連絡事項等の確認をします。営業担当であれば、営業日報等の作成や経費精算が必要となります。お客さまにいただいた名刺や書類の整理も忘れずに行いましょう。

　お客さま訪問にあたっては、行動と言葉遣いの両方ができていることが基本です。どちらかに不備があると、相手に好ましくない印象を与えます。日頃からどんな場面でどんな態度を取り、どういう言葉遣いが適切かを頭のなかでシミュレーションしながら、実践で修正を加えていくようにしましょう。

　顧客接点の場面では、あなたが「会社の代表」だという自覚と責任を、ゆめゆめ忘れてはいけません。

10. 上座と下座 席順にはルールがある

◆組織内序列を尊重する

　ビジネスでお客さまとやり取りをする場面では、職位や役職など序列を考慮した対応は必須です。特に来客応対やお客さま訪問の際、この点を常に意識する必要が生じます。プライベートであれば多少の間違いは許されても、ビジネスシーンにおいて一つでも対応を間違えると、ビジネスマナーの基本もできていないヤツと常識を疑われるばかりか、商談不成立という悲しい事態にまで発展することもありますから、十分気をつけましょう。それが如実に表れる例の一つとして、席順のマナーがあげられます。

◆「左上右下」と「上座・下座」

　席順に関するしきたりが日本に入ってきたのは飛鳥時代。唐の時代の中国から遣唐使を通じて伝えられたといわれています。
　唐の時代の中国では、「天帝は北辰に座して南面す」との思想がありました。天帝（皇帝）は不動の北極星を背に南に向かって座るのが善しとされ、天帝から見ると、日は左の東から昇り右の

西に沈みます。そのため日の昇る東は沈む西よりも尊いとされ、左が右よりも上位に位置づけられました。これを「左上右下」といいます。つまり、「左を上位、右を下位」とするしきたりです。日本礼法が左上位なのは、ここに由来します。

　現代では、室内や車内において席順が意味するのは、年長者や目上の人に対する敬意であり、お客さまに対しては「おもてなしの心」となります。したがって、お客さま、年長者、目上の人にはできるだけよい席順を用意するのが礼儀といえます。

　ビジネスにおいて目上とは、一般的には役職の高い人のことであり、同じ役職であった場合には、年長者が「上座」に座ります。上座とは、目上の人やお客さまが座る上位の席のことです。これと対で用いられるのが「下座」で、目下の人やお客さまをもてなす側の人間が座る下位の席となります。

◆席順の主なルール

　それぞれの場面に応じた席順を整理してみましょう。

1. 応接室での席順

　応接室の場合には、入口からもっとも遠い席が上座です。長椅子（ソファ）と1人掛けソファでは、長椅子のほうが上座で来客用、1人掛けは応対者用となります。お茶を出す順序も席順に従います。

　訪問先では、相手が訪れるまで下座に座るか、立ったまま待ちます。その後、訪問先で上座をすすめられた場合にのみ、指定さ

れた席に座ります。

2. 会議室での席順

会議室では、議長席を中心として議長席に近いほうが上座となります。この場合、部屋の入口から遠いほうが上座、部屋の入口から近いほうが下座です。また、入口が中央にある場合は、議長席から見て右側が上座となります。

3. 和室での席順

和室では、掛け軸などが掛かっている床の間に近い席が上座。庭や景色が見える場合は、よい景色が見える席が上座です。

4. エレベーターでの立ち位置

エレベーターでは、操作パネル側の奥が上座となり、操作パネルのない奥が次席となります。操作パネルの前が下座です。

エレベーターでの応対者としてのマナーについては、おおよそ次のとおりです。

- エレベーターの扉が開いたら手でドアを押さえる
- お客さまや上司に先に乗っていただく
- お客さまや上司が乗ったのを確認したあと最後に乗り、下座になる操作パネルの前に立つ
- 目的階に到着したら、最後に降りる
- 先に降りる場合は手でドアを押さえ、お客さまや上司が降りるのを待つ

5. 自動車の席順

①**タクシーの場合**：運転席の後部座席が上座となり、次が助手席

の後ろ。助手席が末席です。後部座席に3人乗る場合には中央が下座となりますが、ドアから上座まで距離が遠いこともあり乗り降りが不便です。その場合、乗車前に本人の意向を確認すると、より丁寧な印象を与えます

②**運転手が自社の社員の場合**：助手席が上座となります。後部座席に3人座る場合は、タクシー同様、運転席の後部座席が上座、中央が下座です

　ビジネスマナーには習慣化しているものが多く、マナーの背景には、相手への思いやりや気遣いがあります。この思いやりや気遣い、相手を敬う心などを尊重し、相手に心地よい時間を過ごしていただけることを最優先に心がけることが、何よりの「おもてなし」となるのです。

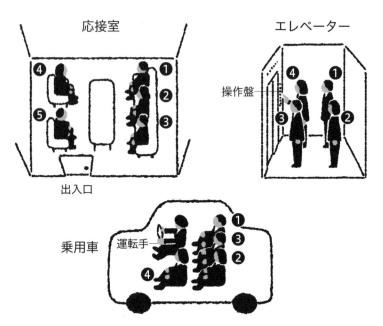

Ⅱ

仕事の基本編

11. 「人生最初の上司」に学ぶ

◆ 「人生最初の上司」の影響力

いま配属されている職場でのあなたの直属の上司は、どんな方ですか？ 僕は常々、配属先の、「人生最初の上司」の影響力が自分のその後の職業人生を大きく左右すると考えてきました。「たまたま配属になった職場なんだから、そんな大げさな…」と考える人もいるでしょう。しかし、この最初の上司の威力が、その後ボディブローのように自分のその後の仕事力に効いてくるのです。僕の人生最初の上司も、実はそんな方でした。

いまとなってはかなり記憶も薄らいできていますが、最初の職場で上司に指示されたことは、工場の現場で起きているちょっとした労務問題についての確認でした。指示されるままに現場に行き、当事者に事情を確認したあと、職場に戻り上司席に報告に行きました。

しばし僕から報告を黙って聞いていた上司は、ほどなくして「ところで、君の考えは？」と訊いてきたのです。実は、この問いには少し面食らいました。答えに窮してしまったのです。状況

がどうなっているか確認してくるようにとの指示だったので、僕は、その上司の指示に忠実に従ったつもりでいたからです。要するに、現場の状況を確認してその経緯を上司に報告するというところまでが、自分の仕事との認識でした。

　しかしその上司は、さらにうえの回答を求めてきたのです。

◆結論を上司に預けない

　組織で働くうえでは、仕事の役割分担があります。このケースの場合も、僕自身、新入社員という立場もあり、自分の仕事の範囲はここまでと、無意識のうちにも自分の仕事を限定的に捉えていたのかもしれません。

　もちろん、これは上司にもよります。「新人なんだから、事実をありのままに報告してくれればそれでよい」と考える上司もいます。むしろ大方の上司は、こちらに近いタイプかと思います。だから、通常の上司であれば、僕の報告の仕方で過不足はなかったはずでした。しかし、僕にとっての人生最初の上司は、それだけで済ませてはくれませんでした。

　役割分担意識が強かったり、自分の仕事の範囲を狭く限定的にしか見ていなかったりすると、ある事象を一面的にしか捉えることができず、全体像がつかめなくなります。人によっては、責任のある仕事は抱え込みたくないという意識が高じて、責任回避的な発言をする者すら出てきます。「それは、自分の仕事ではありません」と、あからさまに否定するような人物です。

僕の上司への報告は、そうした意図で行ったものではありませんが、現場が抱える問題をどう解決するかという結論に対する自分の考えは、確かに棚上げしていました。結果的に上司に結論を委ねた格好です。

　もちろん、当時の僕の立場からすれば、この上司の問いを先回りして、解決策に対する自分の考えまで伝える必要はなかったと思います。しかし、こうした場面を想定して、自分なりの答えや結論をあらかじめ用意しておくことは重要だと思いました。こうした日々の積み重ねが、自分のキャリアや仕事力を磨いていくことにつながっていくのです。

　結論を上司に預けない。この経験から学んだことは、つまりはそういうことでした。

◆人はどんなことからでも学ぶことができる

　こんな話をすると、それは僕が最初の上司に恵まれたからだと思われるかもしれません。確かに、この上司は当時、人事部門のなかで、もっとも進歩的との噂の高い方でした。

　長い会社生活のなかでは、人との出会いや巡り合わせの運・不運は実際にあります。たとえば、どうしようもないパワハラ上司が最初の上司だったとか、何も決めてくれない上司だったので仕事を進めるのに大変苦労したとか、必ずしも良い上司とばかりは限らないケースもあります。むしろ、こちらのケースのほうが世上よく聞かされる実例だったりします。

しかし、ものは考えようです。かつて大衆文学の祖といわれた吉川英治は、「我以外皆我師」（我以外、皆我が師なり）といっています。「自分以外の人でも物でも皆、自分に何かを教えてくれる先生である」という意味で、すべての人や物、事に対して謙虚に学ぶ姿勢を伝える言葉です。少し意味合いは違いますが、「他山の石」という表現があります。「反面教師」という言葉もあります。すべてが好ましい事柄でなくとも、そこから何かしら学ぶことはできるのです。

　その上司が人格・識見においてすばらしい上司なら、自分も将来はこんな上司になろうと心に決めて、自分のめざすべきキャリアモデルとすればいい。指揮命令や立ち居振る舞いにおいて、まったく尊敬できない上司なら、自分は将来的には絶対にこんな上司にはならないぞ、と心に決めればいいだけです。この意味で、どんなタイプの上司・部下・同僚であれ、学ぶ余地はあるといえます。

◆いつか上司の立場になって

　いつか上司の立場になって、部下に指示する場面を想像してみてください。そのとき、あなたはどんな上司に成長しているでしょうか。僕は時折、部下と打ち合わせをしている最中に、「ところで、あなたの考えは？」と思わず口走っている自分に気づくことがあります。そんなときは、ずいぶん昔にあったことが、何だか「デジャヴ」（既視感）のような感覚で思い出されるのです。

12. 「報・連・相」が仕事の基本

◆仕事における「報・連・相」の重要性

　「報告」については、第11項で少し触れました。しかし、仕事を円滑に進める手段としては、「連絡」と「相談」も重要です。これらをまとめて「報・連・相」と表現します。

　報・連・相というと、野菜の「ほうれん草」が連想されがちですが、社会人にとって必要不可欠なスキルであり、あらゆる職場で仕事を円滑に進めるために必要なコミュニケーション・スキルとなります。特に新入社員にとっては、自己の成長を促し仕事力を高めるための重要スキルといえるでしょう。

　それぞれの内容を整理すると、おおよそ次のとおりです。

1. 報告

　報告とは、基本的に担当業務の進捗状況や課題・問題点、成果や結果、お客さまからの意見や要望などを伝えることです。一般的には、部下・メンバーが上司や先輩、組織に対して行うものとされていますが、最近では、上司から部下・メンバーに対して行うことも重要視されるようになりました。

組織に属する個人の場合、その行動や言動については組織がすべて責任を負います。したがって、どのような些細なことでも報告は義務と考えましょう。

2. 連絡

連絡とは、業務に関する事実情報を関係者に伝えることです。連絡が必要な相手は、上司や先輩、同僚に限りません。他部門・他部署や取引先、見込み客なども連絡の対象となりえます。

連絡に上下の関係はなく、スピードと伝達の確実さが何より重要です。この意味で、連絡は業務の必須事項といえます。

3. 相談

相談とは、仕事や個人の事情について、問題を伝え解決策を求めることです。意思決定を行ううえで、周囲の意見を聞くことともいえるでしょう。部下・メンバーが上司に相談するのが一般的ですが、双方向で行われるのが本来的には望ましい形です。

いずれも、さほどむずかしくないようにも思えますが、実際の仕事の現場ではうまく機能していないことも事実です。特に新入社員の場合には、報告・連絡・相談を徹底するよう心がけましょう。

◆報・連・相を効果的に実践する7つのポイント

効果的なコミュニケーション活動としての報・連・相を実践するためには、次の7つが大事です。

1. まず結論から先に伝え経過説明はあとから加える

日々多忙な上司にとって、指示・依頼事項がきちんとできたか

否かが知りたい点です。そのため、結果報告の際にはまず「結論」から述べる。そのあとに経緯（プロセス）説明を加えることが有効です。お互いに無駄のない時間に配慮しましょう。

2. ポイントは事前に整理し手短に伝える

要点を事前に整理しておくことで、伝えるべき内容が明確になり、時間をかけずに伝えることができるようになります。

3. 伝えるべきタイミングを逸しない

伝達すべき情報には鮮度が求められます。タイミングを逸せず報告できるよう心がけましょう。

4. 事実と意見・推測情報は明確に分ける

報告はファクト・ベースで、事実に基づき行われるのが基本です。この際に、自分の意見や推測とはきちんと峻別して伝えましょう。これらが混在していると、報告を受ける上司が判断できない場合も出てきます。

5. 悪い情報ほど早く伝える

情報伝達の鉄則です。トラブルの火種となりそうな悪い情報が早く伝われば、その対策もいち早く打てるというものです。

6. 報告以外に自分からの提案も加味する

仕事のなかで浮かんだ改善点やアイディアは、上司への業務報告に加えて、自分からの提案という形で伝えましょう。仮にそれが採用されれば、仕事に取り組む励みにもなります。

7. 自分だけで抱え込まずに周囲を巻き込む

仕事を1人で抱え込むのは絶対にやめましょう。困ったときに

は、上司や先輩、同僚のみなさんに相談して解決策を考えます。このあたりが双方向コミュニケーション手段としての報・連・相の出番であり、重要なポイントです。

◆これからの報・連・相のあるべき姿

これからの報・連・相はどうなっていくのでしょうか？

従来の報・連・相のもっぱらの目的は、上司と部下・メンバーとのコミュニケーションを円滑にするものでした。コミュニケーション・スタイルとしては、部下・メンバーから上司への一方通行的なもの。報告は端的かつ明解に、連絡は的確かつスピーディに、相談は部下・メンバーが上司に対して行うのが一般的でした。

しかし、これからの報・連・相のあるべき姿は、組織における「対話」（ダイアローグ）を促し、組織のなかの知恵やアイディアを最大限に活用することを目的として、上司と部下・メンバーとの間で双方向に実施されるべきコミュニケーション手段となります。そこでは、報告は、端的かつ明快であることに加え、相手のタイプに合わせて行います。連絡は、的確かつスピーディだけでなく、LINE などのモバイル・メッセンジャー・アプリや SNSの有効活用が加わります。相談についても、上司がメンバーに相談するパターンも重視されていくでしょう。

新しい時代の新しい報・連・相のスタイルが、いま模索されようとしています。

13. 「情報選択力」を磨く

◆有益な情報に囲まれた環境下にある

僕が仕事上必要に迫られて情報収集をするようになったのは、社会人になって最初に入った会社を辞め、2年間の大学院での充電期間を経て再就職した総研（総合研究所）系シンクタンクに入社した1990年代初頭の頃でした。

いまは社会に出たばかりのあなたも、直接に何かテーマを与えられて情報収集する機会が出てくることと思います。だから、参考までに、当時の話を少ししたいと思います。

いまでは何か調べようと思えば、Google や Yahoo! などの検索エンジンを駆使して思いつくままキーワードを入力すれば、膨大な量の情報がさながら洪水のように出てきます。しかし当時は、僕が仕事で必要な情報収集をしようと思うと、考えられうる情報源やデータ・ソースを探す必要があったのです。

その頃の主な情報源としては、まずは紙媒体の新聞でした。職場では、新聞記事の切り抜き担当がいて、毎朝〇月〇日付といった形で仕事に関連する切り抜き記事が回覧され、まずはその新聞

記事を確認する作業から入ります。統計や調査データに当たろうと思うと、場合によっては国会図書館まで足を運び、コピー代を払ってコピーを手に入れるようなこともありました。

やがて、会社の研究支援センターなどが充実してくると、外部に足を運ばなくとも社内で必要情報が手に入るようになりましたが、いまのように瞬時に知りたい情報にアクセスできる環境にはほど遠い世界でした。

いま僕たちは、必要とあればすぐ手が届く有益な情報に囲まれて仕事ができる環境にあります。本当に便利な時代です。だからこそ、情報の収集力、選択力を磨くことが大切なのです。

◆ 「情報収集力」を高める5つのコツ

情報収集力を「質の高い必要情報を効率よく入手するスキル」と定義し、これを前提として、あなたが上司に何か情報収集を依頼された場合、どのような行動を取ればよいでしょうか?

1. 目的から逆算して必要情報を特定する

いまの世の中には情報が溢れかえっています。そんな状況下で求められるのは、情報収集の目的を正確に捉えて、その目的達成のためにどんな必要情報を集めるかということです。やみくもに大量な情報を集めても、目的に見合う情報でなければ意味をなしません。この点をまずは押さえておきましょう。

2. 情報収集の手段を選ぶ

次に重要なのは、その必要情報をどんな手段で取得するかとい

うことです。いまは多くの場合、ネット検索でほぼ収集すること
ができますが、一般的な動向なら新聞や雑誌、テレビなどの既存
メディアでも十分対応できます。

　しかし、業界動向や顧客動向など特定のテーマやジャンルとな
ると、Web サイトやその業界の専門誌、ビジネス雑誌などから
収集したほうが効率的な場合もあります。特定商品の口コミやレ
ビューの確認をしたければ、SNS などを活用すべきでしょう。

　上司からの指示であれ、自分の担当業務の必要性からであれ、
情報収集のためにもっとも有効な手段やツールの選択が正しくで
きるようになりましょう。

3. 具体的な情報源の「信頼性」を検証する

　収集情報の「信頼性」確保も必要です。つまり、集めた情報が
本当に正しい情報かどうかということです。情報の信頼性を検証
することはとても重要です。ブログや SNS の情報だけを鵜呑み
にすると、間違った情報によってビジネス上の不利益を被る可能
性もあります。信頼性確保のためには、その分野の専門家や収集
データの出所に直接当たって信頼性を検証してみましょう。

4. 情報収集を習慣化する

　必要情報の収集は、仕事上の意思決定を行ううえでの基礎とな
ります。したがって、日常レベルで情報収集を習慣化すること
は、きわめて重要です。

　たとえば、その日の新聞1面の記事で気になったニュースや
キーワードがあれば、必ずメモする。そのあと、お昼休みの時間

などをうまく活用し、Web サイトでも確認して自分なりに情報の整理を行います。いまビジネスの世界で話題になっていることなら、リアル書店にも足を運びましょう。その分野に関する新刊書籍が必ず平積みされているからです。

5. 常に自分から情報発信する

収集した有益情報は、自分から周囲の人たちにも積極的に情報発信することを心がけましょう。なかには「いいね！」サインを出してくれる上司や先輩も出てきます。そうすることで、自分が集めた情報が真に価値ある情報であるか否かがわかります。

こうしたことが何度か繰り返されれば、どのようなレベルや質の情報が真に価値ある情報なのか、自分でも判断できるようになってきます。

◆必要なのは「情報選択力」

ここまでの話を踏まえると、これから身につけるべきは「情報収集力」というよりも「情報選択力」であることがわかります。

情報収集については、ネットや SNS、AI（人工知能）などの進歩に助けられて、ある程度容易にできる時代となりました。しかし、収集した情報が真に価値ある有益なものかどうかは、それを判断する人の力量に負うところがまだまだ大きいのです。

社会人 1 年生の立場であれば、まずは基礎的な情報収集力を磨き、ある程度の経験を積んだ暁には、自身の慧眼をもって判断する情報選択力を向上させる努力が求められます。

14. PDCA を愚直に実践する

◆仕事は計画厳守で！

「計画性がない！」。これは、僕が小学生の頃、よく父親から叱られたときのフレーズです。この計画性のなさという天分は、特に夏休みの宿題に如実に表れ、夏休みも残り 3 日という絶妙なタイミングで白日のもとにさらされました。そして、いつもこの急場をなんとか凌いでいたのが当時の僕の姿です。

しかし、社会人となり、こと仕事ともなれば、こんなことは許されるはずもありません。仕事を前進させていくためには、計画は厳守です。この点は肝に銘じておきましょう。

◆ PDCA のサイクルを回す

しかし、実際に仕事を実行する際には、計画を立てるだけでは不十分です。社会人として仕事に取り組む際の基本的な考え方である「PDCA サイクル」をここで覚えておきましょう。

PDCA サイクルとは、サイクルを構成する Plan（計画）、Do（実行）、Check（評価）、Action（改善行動）の 4 つのステップ

の頭文字をとった言葉で、1950年代、品質管理の父といわれる
W・エドワーズ・デミングが提唱したものです。もともとは品質
管理や生産管理の分野で使用されていたフレームワークでした
が、いまでは経営管理や人材マネジメントの領域でも活用される
ようになりました。

　組織マネジメントの観点からPDCAが意味するものは、目標
を設定し、それを具体的な計画に落とし込み、組織の構造と役割
を決めて人を配置し、社員を動機づけ、具体的な行動を指揮・命
令し、部門間の矛盾や衝突を調整して、途中で成果を測定・評価
し、必要に応じて軌道修正することです。また期が終われば、反
省を踏まえて再計画のプロセスに入り、次期もまた新たなマネジ
メント・サイクルを愚直に回していくことになります。

　身近なところでは、成果・業績評価のためのツールとして多く
の会社で導入されている「目標管理」（MBO；Management By
Objectives）の基本原理ともなっています。人事評価に関連する
目標管理については、あなたも人ごとではなく、とても重要なも
のなので、ここで簡単に説明を加えておきましょう。

◆目標管理における仕事の進め方

　目標管理とは、期初に目標を立て、期中に目標達成に向けて行
動し、適時適切にチェックを入れて、期末に目標が達成できたか
どうかを評価する。これが基本です。

　PDCAのサイクルに沿って説明すると、次のようになります。

1. Plan（計画）

①仕事の目標を明確にする

②目標を達成する手段・方法を決める

③役割分担・スケジュールを決める

2. Do（実行）

①目標・計画に基づいて実施する

②実施過程での阻害要因を除去する

3. Check（評価）

①目標設定した内容の達成状況を検証する

②目標と計画の差異を明確にする

4. Action（改善行動）

①良い点は定着化・標準化する

②悪い点は再発防止の改善策を講じる

③次期の目標設定や能力開発につなげる

　なお、目標管理導入の目的としては、次のとおりです。

－社員の行動を部門や部署の方針達成へと方向づける

－PDCAのサイクルを的確に回すマネジメント体制をつくる

－社員の能力開発に結びつける

－社員一人ひとりの自己実現を支援する

－成果を公正に評価し適正に報酬へ反映する

◆自分の仕事に引き寄せて PDCA サイクルを理解する

　組織マネジメントや目標管理との関係で PDCA サイクルを説

明すると以上のようになりますが、あなたの仕事に引き寄せて考えると、もっとわかりやすくなると思います。

　仕事を行ううえでは計画が必須です。いつまでに担当業務を仕上げるかという期限や納期は必ずついてきます。したがって、工程をどう進めていくかというところに計画（Plan）が発生します。

　計画しても実行（Do）されなければ意味がありません。したがって、具体的な実行が求められてきます。この際、どのように実行するかというプロセスを、あらかじめ計画のところで見通しておく必要があります。

　しかし、計画どおりに実行できるものとそうでないものとが出てきます。そこで必要となるのが、実行途上でのチェック（Check）やレビュー、振り返りなどです。この時点で計画どおりに進んでいれば、その後もそのまま実行となりますが、何らかの理由で計画どおりに進んでいない場合には、テコ入れや改善策（Action）が必要となってきます。

　あなたが担当する仕事でも、おそらくこの流れやサイクルは当てはまり、意識する・しないにかかわらず、振り返ってみると実践していたということに気づくでしょう。そして、目標管理の仕組みが導入されている会社では、この日々の担当業務の実行の延長線上に期末の人事評価があるのです。

　繰り返しになりますが、PDCA サイクルは、仕事の基本です。その仕組みや効果・効用をよく理解して、ぜひ自分のものとして身につけていただきたいと思います。

15. パソコン・電子メールの達人になる

◆「デジタルネイティブ世代」の本領発揮

　新社会人のあなたは、「デジタルネイティブ世代」と呼ばれます。デジタルネイティブ世代とは、一般的には「生まれたときから周囲にインターネットやパソコンのある生活環境のなかで育った世代」の総称です。おおむね1990年代以降に生まれた人たちに対して使われています。直近でいえば、Z世代の台頭やAIネイティブのこれからなども、僕から見ると少し気になるところです。

　会社での主なビジネス・ツールはパソコンです。学生時代からパソコンを活用し、WordやExcel、PowerPointなどを駆使して、レポートや卒論を仕上げた経験があるかもしれません。デジタルネイティブなあなたの場合、入社当初からこの分野においては、上の世代に比べてアドバンテージがありますね。

　実際に、年代別にみたITリテラシー（ITを利用し使いこなすスキル）に関する各種調査などからも、若い世代のほうがITリテラシーは高いという結果が出ています。折しもいま多くの企業では、DX（デジタルトランスフォーメーション）推進のための

社員教育に注力しているところです。

　デジタルネイティブ世代の本領発揮が大いに期待されます。

◆デジタル・ビジネスマナーを遵守する

　ただここで見逃してはいけないのは、IT リテラシーとは、単なるネット活用スキルやパソコン操作スキルだけを指すものではないということです。そこには、モラルやマナー、セキュリティに関する意識も含まれます。会社に入ると、むしろこちらを重視する必要が出てきます。

1. インターネット利用上の留意点

　会社においても、情報収集の手段としてインターネットを利用する機会は増えてきます。ただここで留意しなければならないのが、インターネットを「本来業務以外のことには利用しない」ということです。たとえば、勤務中に業務に関係ない Web サイトを閲覧する行為は、会社によっては就業規則違反となりますから、くれぐれも注意しましょう。同様に私用メールも厳禁です。

2. ウイルスやサイバー攻撃にはくれぐれも注意する

　受信した不審なメールや閲覧した特定の Web サイトなどから、コンピュータウイルスに感染する場合があります。会社のパソコンであれば、通常セキュリティソフトがインストールされていますから、そこからウイルスを発見したというメッセージや警告が表示された場合には、速やかに会社に報告して指示を仰ぐようにしてください。

特に最近では、機密情報の侵害や漏洩^{ろうえい}、サイバー攻撃といった
ものからコンピュータネットワークとそのデータを保護するため
の IT セキュリティ対策が必要になっています。これらに対する
感度を高めることもとても重要なテーマです。

3. 離席するときの心得とパスワード管理

長時間離席する場合には、パソコンをログオフするか画面を
ロックするようにしましょう。パスワードは、最近では複雑性が
求められてきましたが、この管理も徹底し第三者に容易に推測さ
れない設定に配慮しましょう。

4. ファイルの整理と社内ネットワークの活用

ファイルについては、社内ネットワーク上のフォルダーに格納
し、社員が必要なときに必要な情報をいつでも取り出せるように
しましょう。自分のパソコンのデスクトップ上にファイルを所狭
しと並べておくのは厳禁です。

◆電子メールの基本ルール

電子メールの基本ルールについても整理しておきましょう。

最近ではビジネス・チャットなども普及してきていますが、社
内外への正式な連絡をする場合には、やはり電子メールというこ
とになります。電子メールの基本ルールとして押さえておくべき
ポイントは、次のとおりです。

1. 宛先（To、Cc、Bcc）を正しく使う

まず、だれに出すかということで宛先を特定します。宛先につ

いては、次の3種類を適宜使い分けて使用します。

① To：宛先となり直接の送信相手を入れます

② Cc（カーボンコピー）：Toとは別にメール内容を知らせておきたい相手に対して用います

③ Bcc（ブラインドカーボンコピー）：Ccと同じくメールの内容を伝えておきたい相手ですが、だれに出されているかが特定できないようにしたい場合に用います

2. 件名は「簡潔に」「わかりやすく」を旨とする

メールのやり取りをしていると、1日に大量のメールが届きます。したがって、件名は「簡潔に」「わかりやすく」が基本です。

3. 宛名は「会社名」「所属」「氏名」を記載する

社外へ送るメールの場合は、「会社名」「所属」「名前」の順で宛名を書くのが礼儀です。社内の場合は、本文の前に相手の「名前」を記載します。

4. メール本文の作成ポイント

本文を書く場合には、件名と同様、「用件を短くわかりやすく」書きます。伝えるべきポイントをコンパクトにまとめ、回りくどい説明にならないよう注意します。最初に用件を伝え、そのあとに詳細な内容や補足説明をしていくスタイルが、相手にとって理解しやすいメールの文面となります。

5. 署名を付ける

特に社外へのメールの場合には、最後に署名を記載するのがマナーです。そこでは、名前と連絡先を署名として記載します。

メール機能を活用して署名を設定できるので、ワンクリックで署名が掲示されるよう設定しておくと便利です。

6. 添付ファイルは要注意

ファイル添付の場合には、送信相手を間違わないことが特に重要です。誤送信を防ぐために、送信前に必ずチェック機能が働くメールソフトもあります。仮に機密性の高いファイルが別のお客さまに誤送信されてしまうと、取り返しのつかないことにもなりかねません。くれぐれも注意が必要です。

パソコンの使用方法もメール送信も、実務経験のなかでこれから磨いていくよう心がけましょう。

16. 「ビジネス文書」の作法を 身につける

◆ 「ビジネス文書」は社会人としての出発点

　僕が入社したての頃、よく上司席に呼ばれては真っ赤に添削された社内文書を返されて、修正の指示を受けたものでした。そのたびに「うまく書けない…」と打ちのめされては添削個所を確認し、上司の了解を得るまで何度も書き直しをしました。新入社員のあなたがまず命じられるものにも、おそらくはこの社内文書があるでしょう。

　当時は、文書作成がとても嫌で仕方がなかったのですが、あとになってあの頃のことを振り返ってみると、この経験があったからこそ、文書作成スキルが格段に鍛えられたと実感しています。いまとなっては、とてもいい思い出です。

　「ビジネス文書」とは、ビジネスにおいて情報の伝達や意思確認のために作成される文書のことです。正しく文書化することで、無用な誤解やトラブルを避けることができ、また同じ内容を一度に多くの相手に正確に伝達できるようになります。日常レベルでの社内外のやり取りは、電子メールで事足りることも多くな

りました。しかし正式文書となると、やはり作法を習得しておく必要が出てきます。

　ビジネス上の用件を相手に的確に伝え、仕事上の齟齬_{そご}が生じることを避けるためにも、正しいビジネス文書が作成できるようになることが、社会人としての出発点、第一歩といえるのです。

◆ビジネス文書の２類型

　ビジネス文書は、伝達する相手や目的によって「社内文書」と「社外文書」の２つに分かれます。

1. 社内文書

　「社内文書」は社内の人向けに発信されるビジネス文書です。主なものとしては、報告書、議事録、稟議書、決裁書、申請書などがあります。

2. 社外文書

　「社外文書」は得意先や取引先など社外の人向けに発信されるビジネス文書です。主なものとしては、案内状、通知状、依頼状、照会状、礼状、詫び状などがあります。

　社外文書には、「社交文書」も含まれます。これは、社外の人向けに儀礼的な意味合いでお祝いやお悔やみの気持ちを伝えるためのものです。

◆ビジネス文書作成の７つのポイント

　ビジネス文書を書くためには、押さえておくべきポイントがい

くつかあります。たとえば次のとおりです。

1. 常に相手の立場で作成する

どんな目的でつくられる文書でも、それは相手に伝えるためのものです。ビジネス文書を書く目的を念頭に置けば、読む相手の立場に立って作成することが大原則であることがわかります。

2. 結論を最初に明記する

ビジネス文書は、結論を最初に書くのが基本です。先に結論を知ることで、相手はこの文書を読む必要性が判断できます。読み手が常に多忙であることを前提とすれば、簡潔に相手に結論を伝えることがビジネスマナーといえるでしょう。

3. わかりやすく簡潔に書く

一文は短く簡潔に区切ると理解しやすくなります。シンプルさを旨とし、改行したり、段落を区切って読みやすくする工夫も効果的です。

4. 一件一葉を原則とする

ビジネス文書は1枚が基本。一目で文書の中身がわかるよう、1つの文書につき用件は1つ（一件一葉）とし、A4判用紙1枚にまとまるよう必要情報だけを端的に記載します。

5. 箇条書きを有効活用する

箇条書きの有効活用も重要です。たとえばイベントの案内であれば、「日時」「場所」「タイトル」「イベント内容」などを箇条書きで示すと、言いたいことの順番や伝えたい相手、重要項目などが一目瞭然となり、理解しやすいものとなります。

6. 文体や言葉遣いを統一する

文体や言葉遣いが不統一だと、文書そのものに対する信頼感を損ねます。敬体（「です・ます調」）と常体（「である調」）との混在などがないか、必ずチェックしましょう。

7. 正しい敬語を使用する

正しい敬語は基本中の基本です。社外文書のなかで自社の人間に対して尊敬語を使っていないか、謙譲語の使い方を誤って、自社の人間の立場が上であるかのような表現になっていないか、などはしっかり確認します。

◆社内文書の基本形

社内文書の基本形を示すと、たとえば次のとおりです。

1. **文書番号**：文書管理のため会社によって決められた通し番号をつけます
2. **発信年月日**：実際に文書が出された年月日を右寄せで書きます
3. **受信者名**：文書の受信者の部署名、職名、氏名、敬称の順に記します
4. **発信者名**：発信者の部署名、氏名の順に記します
5. **件名**：中央寄せで用件をわかりやすく簡潔に表記します
6. **本文・記書き**：用件を簡潔にまとめます。社内文書には挨拶や尊敬語・謙譲語は必要なく、「です・ます調」で書きます。重要な内容や詳細は、中央寄せで「記」と記して箇条書きで記載します

図表2　社内文書の文例〔ビジネスマナー研修報告書〕

	No.○○○-○○○ ← **文書番号**
	202○年4月○日 ← **発信年月日**
受信者名 → 経営管理本部 人事部 　　　　　部長 山野 一郎様	
	営業本部 営業第一部 　　　部長 陣内 宏 ← **発信者名**
件名 → ビジネスマナー研修への当部参加者のご報告	

掲題につき、下記のとおりご報告いたします。

記　← **本文・記書き**

1.　研修名:「ビジネスマナー研修」

2.　主催:ビジネスマナー・アカデミー

3.　開催日時:202○年4月○日 13:00〜15:00

4.　開催場所:東京都中央区1-1 ビジネスアカデミア 第1セミナー室

5.　参加人数:60名

6.　当部参加者:丸山 和夫

7.　参加目的:入社1年目にあたり、ビジネスマナーの基本習得のため

8.　研修内容:ビジネスパーソンとしての心構え/基本的なマナー/留意事項　等

9.　参加者本人所感:
　　●ビジネスマナーの基本についての理解を深めることができました。今後は、学んだ知識を担当業務に活かしながら、さらなるスキルアップを目指して自己研鑽を重ねて参りたいと思います。研修参加の機会をいただき、ありがとうございました。

添付資料:「社会人1年目のビジネスマナー」50ページ

以　上　← **以上**

(担当:丸山和夫)　← **担当者名・**
内線:○○○　　　**連絡先**

---

7. 追伸内容:主となる伝達事項を補足する必要がある場合には、「なお、〜」などを用いて追伸として書きます

8.「以上」:内容に続きがないことを示すために明記します

9. 担当者名・連絡先:発信者とは別に担当者がいる場合は、部署名と担当者名、連絡先を記載します

◆社外文書の基本形

一方、社外文書の基本形は、たとえば次のようになります。

図表3　社外文書の文例〔新製品発表会案内状〕

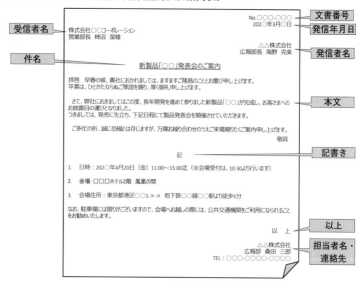

1. **文書番号**：文書管理のため会社によって決められた通し番号をつけます

2. **発信年月日**：実際に文書が出された年月日を右寄せで書きます

3. **受信者名**：正式名称で左寄せに記載し、会社名には「御中」を付けて「株式会社○○　御中」とします。個人名については部署名、役職名を付けて「部長　○○様」などとします。複数の対象者宛に発信する場合は、「お客様各位」「取引先各位」のように「○○各位」という表現を使用します

4. **発信者名**：正式名称で右寄せに記載します。会社名、部署名、氏名のほか必要に応じて社印等を押印、所在地や電話番号、

メールアドレス等連絡先を明記します

5. **件名**：中央寄せで用件をわかりやすく表記します

6. **本文**：本文は前文、主文、末文から構成されます。前文で「拝
啓」などの頭語、時候のあいさつ、慶賀のあいさつと日頃の感
謝の一文を書きます。そのあとで「さて」などの起語を用いて
用件に入り、結論を先に述べるなど簡潔に要点を記載します。
最後に結びの挨拶文を入れ、頭語に対応した結語を右詰めで記
入して文書を締めます

7. **記書き**：必要事項をもらさず伝えるため、箇条書きで要点を記
載します。記書きの締めとして最後に必ず「以上」を入れて、
伝達内容の終了を示します

◆文書作成は相手に対する配慮の行為

ビジネス文書は、正確な情報伝達を行うことでビジネスを円滑
に進めるために作成するものです。とりわけ社外文書は会社とし
て発信する正式文書であるため、意味合いの重みが違います。

ビジネスパーソンとしての信頼や、お客さまとの関係性構築に
つながるビジネス文書を作成できるようになるためには、日頃か
ら多くの文書に触れ、実際にたくさん文書を作成することを通じ
てセンスを磨いていく以外に方法はありません。

文書作成は相手に対する配慮の行為です。相手の立場に立って
客観的にわかりやすい文書が作成できるよう、常日頃から心がけ
ていきましょう。

17. ロジカルに考え
クリエイティブに発想する

◆「ロジカルシンキング」の重要性

　前述第16項では、「結論を最初に書く」をポイントとしてあげました。これは、文書を論理的に展開するうえで大切なアプローチです。このようなビジネススキルの基本に「ロジカルシンキング」があります。

　ロジカルシンキングとは、物事を結論と根拠に分けてその論理的なつながりを捉え、問題を構造化して整理していく思考法です。日本語では「論理的思考法」と呼ばれています。シンプルな表現をすれば、「私はこう考える。なぜなら…」という考え方です。

　物事を論理的に考え、話し、書くことを常日頃から意識しトレーニングを積むことが、相手に理解を促す手立てとなります。業務上の問題解決に取り組む際にも、原因の特定や解決策の立案に効果的な思考訓練といえます。

　ビジネスの現場では「結局何が言いたいのか？」を直截的にわかりやすく、筋道立てて構成し、相手に納得性をもって理解して

もらうことが重要です。こうした基本スキルを身につけること
は、社会人1年目のあなたにとっても、とても重要なことなので
す。

◆ロジカルシンキングの鍛え方

　ロジカルシンキングは、実践で鍛えるのが近道です。実際の仕
事のなかで何気なく行っている業務でも、ロジカルシンキングを
実践することで、業務効率の向上や生産性向上につながります。

　たとえば、何らかの問題の解決に取り組む際には、まず「この
あたりが本当の課題じゃないか？」といった仮説を立てること
（仮説構築）からスタートしたり、「ロジックツリー」などの手法
を使って複雑な問題をMECE（モレなくダブりなく）に考えた
りすることは、とてもよいトレーニングになります。

　無意識に行っていたことを意識して論理的に考えようとする
と、最初のうちはなかなか時間がかかるものです。しかし慣れて
くると、ロジカルシンキング脳のスピードが増してきます。要す
るに、慣れの問題ともいえるのです。

　ロジカルシンキングを鍛えるためには、次のような点を押さえ
ておくとよいでしょう。

1. ゼロベースで考える

　まず物事をゼロベースで考える。これは「ゼロベース思考」と
も呼ばれていますが、これまでの先入観や思い込みをいったん捨
てて、物事をゼロから考えてみるものです。「思考の枠」という

図表4　ダブリ・モレを防ぐ：MECE の原則

❖Mutually Exclusive ダブリなし
　Collectively Exhaustive モレなし
▷ある事柄・概念を重なりなく、しかも全体として
　モレのない部分の集合として捉える

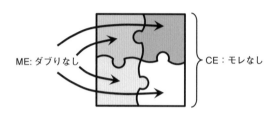

ME: ダブりなし　　　　　　　　　　　　CE：モレなし

表現もありますが、とらわれている既成概念をいったんクリアにしてみると、新たな地平が見えてくるものです。

2. まず結論からスタートする

　これは、まず結論から始め、そのあとに根拠や具体例、説明などを加えていくやり方です。結論を頂点にしてその下に論理を展開していくやり方は、「ピラミッド構造」とも呼ばれているトップダウンアプローチの一つです。

　結論にたどり着くまでに時間がかかってしまうと、説明を聞く側も集中力が途切れてしまいますから、結論から話すことで議論の生産性向上にも役立ちます。

3. 仮説思考を実践する

　問題解決や新しいアイディアを生み出す際には、やみくもにあれこれ考えるのではなく、まず仮説を立てることが重要です。そして、その仮説の検証に向けて根拠を考え、その根拠に基づくさ

まざまなファクト（事実）を集めて展開します。

　その仮説が正しいと検証できれば、仮説を結論として提出します。それなりの説得性のあるものならば、根拠のある提案として採用される可能性も高まるというものです。

◆クリエイティブ発想で新たな価値を生み出す

　このロジカルに考えるということが、実はクリエイティブにもつながります。ロジカルシンキングを活用して、思考やコミュニケーションの効率化がはかられれば、そこから生まれる自由な時間を使ってより深い思索をめぐらし、いいアイディアを生み出すこともできるからです。

　かつて、リチャード・フロリダは『クリエイティブ・クラスの世紀』（ダイヤモンド社）のなかで、世界経済は「クリエイティブ・クラス」と呼ばれる新しい価値観を共有する人材がリードする段階に入ったと指摘しました。「クリエイティブ」が一つの重要なキーワードともなっているのです。

　「クリエイティブシンキング」と呼ばれる思考法は、枠組みに関係なく自由に発想することを重視し、「拡散思考」とも呼ばれています。これに対して、ロジカルシンキングは「収束思考」とも呼ばれ、ブレインストーミングなどのワークショップの際には、この拡散思考のプロセスで多くのアイディア出しを行い、収束思考の段階で、出てきたアイディアを絞り込み論点を整理していくという流れを取ります。

◆クリエイティブシンキングなアプローチ

　クリエイティブシンキングは、ファクトよりも直感を大切にする思考法です。事実にとらわれることが少ないため、新しい視点で物事を考え未来を見据えた創造的な発想が生まれます。従来のルールや既成の考え方にとらわれないため、自由な発想で物事を考えることができます。これにより、「分析を優先しない」「正確さよりもアイディア重視」「想像力の発揮を期待」など、ロジカルとは異なったアプローチが可能となります。

　仕事においては、時に理詰めで考えることも必要ですが、加えて創造的な発想も重要です。日々の業務のなかで、この使い分けをしっかりと身につけて、TPOに応じた発想ができるよう心がけましょう。

18. リモートワークを組み入れた働き方を実践する

◆ハイブリッドワークの時代へ

　新たな働き方の時代を迎えています。これからはリアルオフィスとリモートワークと組み合わされるようなハイブリッドな働き方（ハイブリッドワーク）になるでしょう。

　新入社員のあなたも、学生時代のほとんどをリモート環境下で過ごしてきた経験から、入社した会社がどんな働き方を採用しているかで、ある程度対応するための備えはできているのではないかと思います。しかし、ハイブリッドな働き方にしても、リモート環境下での働き方にしても、自分なりにポイントを押さえておくべきだと思います。

◆リモートワークを上手に実践するための7つのポイント
1. 生活のなかに仕事のリズムをつくる

　リモートワーク主体の環境となっていちばんの変化は、これまで仕事中心の時間のなかに個人の生活の時間が組み込まれていたものが、生活中心の時間のなかに仕事の時間が位置づけられるよ

うになったことです。この変化は、「ワークライフバランス」（仕事と私生活との両立）という概念を、「ワーク・アズ・ライフ」（生活としての仕事）や「ワーク・イン・ライフ」（生活における仕事）という表現に変えました。

　私生活のなかに仕事の占める時間をどう位置づけるかをよく考えてみてください。会社通勤が主体の生活も私生活主体の生活も、生活のリズムは変えずに、たとえば、起床時間は規則正しく、就業時間帯に相当するところは仕事モードに切り替えるなど、生活のなかに仕事のリズムを組み入れていくことになります。

2. 仕事モードの服装に着替える

　リモートワークの場合、自宅のプライベート空間での仕事がメインとなります。したがって、一日中私服でも OK という環境もつくれなくはありません。しかし、通常の就業時間帯に該当するところでは、仕事モードの服装に着替え、シャキッと気持ちを切り替えて仕事に臨みましょう。

3. 働く時間帯をきちんと決める

　家にいれば、パソコンを開けばいつでも仕事ができる環境です。したがって、ついつい長時間労働になってしまうことも懸念されます。これでは、健康管理の面からも問題です。仕事の始業・終業といった働く時間帯をきちんと決めて取り組むことは、とても重要です。

4. 仕事に集中できる場所を確保する

　仕事に集中できる場所（ワーキングスペース）を確保すること

も大事なポイントです。とはいえ、家族もリモートワークであったりすると、場所の確保がむずかしいという現実もあります。ダイニングやリビングルームなど自分が仕事に集中できる場所を確保して、業務に専念する環境を意図的につくっていきましょう。

5. 1日の業務の予定をしっかり立てる

1日の予定を立てて業務に臨むのは当たり前のことですが、リモート環境においてもこれまでと同様、同じ予定で業務を遂行できるかどうかは、あらためて見直してみることも必要です。

6. ON と OFF のメリハリをつける

業務を終えたらパソコンは電源を切り、ついつい仕事をし続けてしまうことのないよう心がけましょう。オフィスワーク中心なら、会社では仕事、家ではプライベートと、無意識にも ON と OFF との切り替えが可能だったことが、すべて自宅ということになるとこの境界線が曖昧になる懸念があります。

仕事関連の道具は片付け、仕事のあとは散歩に出かける、お風呂に入るなど、朝に仕事モードに切り替えるのと同様に、夜は意図的にプライベート・モードに切り替えるようにしましょう。

7. 適度な運動を心がける

リモートワークでは運動不足にならないよう、散歩やジョギングなどの適度な運動、業務の合間のストレッチなど、気分転換も兼ねて体を動かしリフレッシュする時間をつくることも大事です。リモートワークで体重が増えてしまったなどという実例は、山ほどありますから気をつけましょう。

◆コミュニケーション促進に活用できるおすすめ事例

　リモート中心の仕事生活で圧倒的に不足するのがコミュニケーションです。ちょっとした工夫で仕事の潤滑油ともなるものですから、次のような場や機会を積極的に活用してみましょう。

1. 朝礼・夕礼の場の活用

　朝礼や夕礼を実施している会社なら、オンラインでその場を活用し、ゆるいコミュニケーションを取ってみるのも有効です。業務内容の進捗確認を厳格に行うこともももちろん重要ですが、ちょっとした困りごとも遠慮なく話せる場があるのは救いです。

2. Web ランチやオンライン飲み会への参加

　メンバー同士がゆるくつながる場があると、雑談や相談に便利です。定期的に Web ランチやオンライン飲み会などに参加すると、グッとハードルが下がります。

3. 雑談部屋への参加

　多くの人とつながりが持てる朝礼やランチ会以外では、ちょっとした話の場合には、チャットや SNS などを活用した雑談部屋に参加するのも一つの方法でしょう。電話や Zoom などでもいいですが、だれでも気軽に参加できる場は、新たな発見が得られると思います。

　また、オンライン・ファーストなリモートワークの質を高めるために、あなたもよいアイディアがあれば、積極的に会社へ提案してみてください。

19. Web 会議で存在感を示す

◆ Web 会議へのスムーズな参加のために

いまやミーティングや商談を Web 会議で実施するのは当たり前になってきました。

これまでの経験のなかで、あなたがすでに Web 会議には慣れているということなら問題はありません。しかし、そうでない場合には、対面でのコミュニケーションとの違いに戸惑ってしまい、うまく Web 会議に参加できない場合も想定されます。

では、スムーズに Web 会議に参加して存在感を示すためのポイントは、どんなところにあるのでしょうか？

ここで Web 会議ならではの基本を整理しておくことにします。

◆ Web 会議に向けた事前準備

1. 資料や議題は必ず事前確認

Web 会議に限ったことではありませんが、会議の資料や議題はあらかじめ確認しておきましょう。資料や議題をきちんと確認しておくことは、会議に参加するための大前提です。参加者は事

前にそれらに目を通しておくことで、会議がスムーズに運びます。

さらに会議の内容について、自分なりの考えや意見をまとめておければなお、よいでしょう。

2. 接続テストを実施する

いざ会議開始のタイミングになって、「映像が映らない」とか「音が聞こえない」といったトラブルが発生する場合があります。そんなことが起こらないよう、事前に接続テストを行っておくことをおすすめします。

3. 余裕を持って入室する

ビジネスにおいては遅刻はいけません。できれば会議開始の5〜10分前には、いつでも会議が始められるよう、身だしなみを整え、接続テスト、資料の確認などを行い、時間には余裕を持って入室するよう心がけましょう。

◆ Web会議における基本ルール

初めてWeb会議に参加する場合、不慣れさに戸惑いを感じる人も多いと思います。事前に知っておきたいWeb会議ならではのルールをここで紹介します。

1. カメラ ON で参加者の表情が確認できるようにする

　対面での会議と違い、Web 会議では参加者の表情がとても重要となります。お互いの表情を確認することで、相手の反応や理解度が確認できるからです。また Web 会議では、頷いたり、笑顔を見せたりといったリアクションが確認できれば、安心して議題を進めることができます。

　参加人数にもよりますが、カメラは ON で会議を行うことをおすすめします。

2. 発言者以外マイクはミュートにする

　マイクは、自分が発言するとき以外はミュート（消音）にしておきます。マイク ON にしていると、自分の周囲の雑音が不用意に入り込んでしまうからです。会議に関係のない雑音は議事進行の妨げにもなりますから、特に何人も参加している場合は、発言者以外マイクは基本ミュートにしましょう。

3. 発言の始まりと終わりは明確にする

Web会議では、発言のタイミングがむずかしい場合があります。発言する際には「挙手」の機能を活用する、あるいは「発言してもよろしいですか?」と確認する、といった配慮が望まれます。また、自分の発言を終了する際には、「私からは以上です」といった言葉を添えることも、心配りとしては必要でしょう。

4. 資料共有機能やチャット機能を有効活用する

Web会議システムには、資料を画面上で共有する資料共有機能や、文字でやり取りができるチャット機能などが備わっています。それらを有効活用することで、資料を用いた説明やちょっとした書き込みができ、対面での会議よりも効率的に会議を進めることができるようになります。

◆守るべきWeb会議でのマナー

リモートワーク中など、自宅でWeb会議に参加する際は特に注意が必要です。ここでは、Web会議ならではのマナーを紹介します。

1. 身だしなみはきちんと整える

Web会議といえども身だしなみは重要です。たまに完全に寝起きの状態で、パジャマのまま参加している人を見かけたりもしましたが、Web会議だからと気を抜かず、寝癖を直す、髭はきちんと剃る、洗顔や歯磨きを徹底するなど、最低限の身だしなみは整えましょう。服装も同様で、オンスタイルとわかる衣類を身

につけます。

2. 背景の映り込みには要注意

　自宅から参加する場合には、特に背景の映り込みには要注意です。個人の部屋の様子や、会議に関係ないものが写り込むのは好ましくありません。Web会議といえども、ビジネスの現場であることを忘れてはいけません。

　また、個人の部屋の様子をことさら確認してくる上司がいたりすると、「テレハラ」（テレワークハラスメント）や「リモハラ」（リモートワークハラスメント）といった新手のハラスメントに発展する可能性も出てきます。

　Web会議システムには、架空の背景を合成できる「バーチャル背景」機能が搭載されていますので、有効活用しましょう。

3. 騒音にはくれぐれも注意する

　Web会議に参加する際は、できるだけ静かな環境を選ぶことを心がけましょう。自宅の場合、家族の声やテレビの音、近隣の工事の音などが聞こえてしまう可能性があります。また、街カフェなどの公共の場でのWeb会議も、他の人の声が入ってしまうだけでなく、周囲にも迷惑がかかるため、できるだけ避けたほうがいいでしょう。

　Web会議については、「習うよりも慣れろ」が基本です。数多く経験するなかで勘所がつかめてくるでしょう。

20. タイムマネジメントを徹底する

◆時間管理が仕事の基本

就業に関しては、第6項の就業規則のところでも触れましたが、時間管理が原則となります。担当業務や職種によっては、フレックスタイム制や裁量労働制といった比較的自由度の高い勤務時間制度の適用も考えられます。しかし、新卒1年目では基本的に上司の指示・命令のもとで仕事に従事することになりますから、このような弾力的な勤務時間制度の適用はまずありません。これは、リモートワークにおいても一緒です。

就業時間管理のもとで仕事をする場合、労働時間を一定の範囲内に収めることが求められます。平たくいえば、残業時間(時間外労働時間)を適正に管理する必要があるということです。

近年、働き方改革を推進するうえで、時間外労働の上限規制が厳格に実施されるようになりました。労働基準法の定めでは、時間外労働の上限は、原則として月45時間・年360時間となり、臨時的な特別の事情がなければ、これを超えることはできません。社会人1年目のあなたの場合も、この時間外の上限規制の範囲内

でどう自分の業務を効率的に進めるかに注力することになるでしょう。このような場合に押さえておくべきなのが「タイムマネジメント」です。

◆タイムマネジメントの必要性

「タイムマネジメント」と聞くと、直訳的に「時間管理」と捉える人も多いでしょう。しかし、その本質は「自分自身の仕事を自分で効率的かつ適正にマネジメントすること」にあります。では、そもそもタイムマネジメントはなぜ必要なのでしょうか？

組織に属するすべての人は、成果を上げることが使命です。ダラダラと時間ばかりを費やして、残業時間を増やすことがあってはいけません。タイムマネジメントの目的は「成果を上げるために効率的に仕事に注力できるようにすること」です。

仮にタイムマネジメント力が低いと、うまく段取りができずに無駄な作業が増えてしまったり、仕事に追われるばかりで時間外が膨らんでしまったりします。反対に、タイムマネジメント力が高いと、自身に期待される成果を出すために十分な時間を使えたり、担当業務を効率よく行えたりします。そうした状況を実現するためには、時間当たりの生産性を高めることが必須です。

◆重要度・緊急度で仕事を分類する

ここで重要となるのが「処理能力の向上」です。処理能力が高まれば、以前よりも自由に使える時間が増えます。自由に使える

図表5　重要度・緊急度マトリクス（アイゼンハワー・マトリクス）

❖どのように業務の優先順位づけを行うか？
❖重要度の判断基準をどこに置くか？

アイゼンハワー・マトリクスで考える

②重要度 **高** × 緊急度 **低**	①重要度 **高** × 緊急度 **高**
④重要度 **低** × 緊急度 **低**	③重要度 **低** × 緊急度 **高**

重要度（高←→低）　緊急度（低←→高）

時間が増えれば、その増えた時間を本来的に必要とされる業務に重点的に配分することができるようになります。

　これを実現する手法として「重要度・緊急度マトリクス」（アイゼンハワー・マトリクス）などが活用されています。

　この重要度・緊急度マトリクスでは、担当業務を「重要度」と「緊急度」の２軸で分けて、縦軸に重要度の高・低、横軸に緊急度の高・低をとって、自身の仕事を４つの象限に分類します。

　たとえば、次のような感じです。

①**緊急かつ重要な仕事**：締切り直前の提案書の作成、重要顧客からのクレーム対応、等

②**緊急ではないが重要な仕事**：所属組織にこれから必要な業務の開発、スキルアップのための自己研鑽、等

③**緊急ではあるが重要ではない仕事**：突然の来客対応、突発的に発生する社内の依頼・問い合わせ、等

④**緊急でも重要でもない仕事**：だれも使用していない資料の定期的なメンテナンス、形骸化した定例会議の開催、等

　上記の分類で見ると、「①緊急かつ重要な仕事」がもっとも優先順位の高い仕事です。最優先で対応する必要がある仕事になります。「②緊急ではないが重要な仕事」は、将来への投資の観点から見て重要な仕事の位置づけです。

　問題は、往々にして「③緊急ではあるが重要ではない仕事」にやたらと振り回されて、「②緊急ではないが重要な仕事」が手つかずになりやすいことです。この「②緊急ではないが重要な仕事」こそ、少し長い目で見れば、会社や自分の価値を高める大切な仕事である場合が多いので、時間配分に配慮しながらチャレンジすべき仕事といえます。

　「④緊急でも重要でもない仕事」については、優先順位的には後回ししながら、「③緊急ではあるが重要ではない仕事」の効率化を考えることになります。あるいは、③および④に該当する仕事についてはどこかのタイミングで止めてしまうことができないか、上司とよく相談するのも一つの解決方法でしょう。

◆限りある時間を効率的に活用する

　このように分類・整理してくると、自分の担当業務のなかでも成果につながる仕事とそうでない仕事が見えてきます。自分が活

用できる時間には限りがあることを十分認識して、担当業務の優先順位づけと自分が活用可能な「資源」としての時間の効率的な配分を常に意識しましょう。

　業務の効率化のためには、業務フローを再確認して、重複する作業や不要な工程を洗い出すことも有効です。ここでのポイントは、この先自分が仕事の成果を高めるためには何が重要かという観点です。自分のこれからのキャリアのうえで必要となる仕事、それらに関する知識やスキルを身につけるために時間を充てるということです。

　その積み重ねによって、いまの仕事をより高いレベルで行うことができるようになり、それが成果を上げるタイムマネジメントの最終的な目的の達成につながっていくのです。

Ⅲ

職場の常識・
対人関係編

21. やる気次第で 「職場」も変わる

◆アフターコロナの職場のルール

　職場での働き方がアフターコロナの今日、だいぶ変化してきました。仕事のなかには必ずしも出社しなくとも対応可能なものがあることもコロナ禍の３年間で僕たちは学びました。これからは、どんな場合に出社が必要で、どんな場合なら在宅でも対応可能かという、リアルオフィスとリモートとのハイブリッドワークが模索されていくことになります。

　たとえば、新型コロナが猛威を振るっていた頃、フリマアプリのメルカリは、生産性最大化をめざした新しいワークスタイル「メルカリ・ニューノーマル・ワークスタイル」を打ち出しました。その「トライアル・ガイドライン」には、出社を推奨する業務として、次の６つがあげられています。

1. ブレインストーミング：オンラインでのファシリテーションのむずかしさを解消するため

2. オンボーディング：新入社員にとってはメルカリを理解する重要なきっかけであり、心理的安全性（Psychological safety）

や形式化されていないナレッジを共有するため

3. **チームの関係性強化のためのミーティング（チームビルディング）**: チーム内の心理的距離を縮め、信頼関係の強化や心理的安全性を高めるため

4. **集中的に共同作業を行う活動**：キックオフ、リリース直前やイベント直前など、メンバーで集中的に共同作業を行う際に、コミュニケーションの効率性を上げるため

5. **トレーニング**：できる限り明文化し暗黙知をなくしていきたいものの、OJT のほうが効率的なことはありえるため

6. **生産性向上、関係性強化のために定期的な出社時間を設定する**：ある曜日のこの時間帯を出社するなどと決めることで、気軽に進捗確認や質問、共同作業ができ、それによって生産性を上げたり、個人的な関係性の強化につなげられるようにするため

これからのリアルオフィスは、問題解決や学習、人材交流によるイノベーション創出の場などに比重を移していく可能性が高いといえます。

◆人間関係が職場を決める

そんななかで僕は、良い職場か否かは、人間関係に依存すると思っています。それは、リアルであれリモートであれ、職場として認識される場所において一緒に働く必要性から、人間関係の良否が働く人のやる気やモチベーション、最近の言葉でいえばエンゲージメント（組織や仕事に対する前向きな貢献意欲）に多大な

影響を及ぼすからにほかなりません。たとえるなら、「事件は自分を中心とした半径３メートル程度の範囲のなかで日常的に起こっている」のです。

あなたも、最初に配属された職場の上司・部下・同僚との関係性がいったいどんな状況なのかに注意を払ってみてください。良好な人間関係をつくっていくためにも、まずは、あなた自身が周りの人たちとの良い人間関係づくりに意を用いる必要があるでしょう。そこでは、メルカリの事例のなかでも出てきた「心理的安全性」がキーワードとなってきます。

心理的に安全な状態とは、ＯＮもＯＦＦも関係なく自然な自分が出せること。そんな自分を受け入れてくれる安心・安全な職場であることです。こうした心理的安全性を確保し、上司・部下間の関係性を良くするために多くの会社で取り組んでいるものに「１on１ミーティング」があります。あなたの職場でも、１on１ミーティングが導入されているのなら、これを絶好の機会と捉えて積極的に活用することをおすすめします。

◆セルフ・モチベーションのすすめ

働く環境は人に大きな影響を与えますが、担当する仕事に打ち込めるかどうかは、ひとえに自分自身の心の持ち方に依存します。置かれた環境のなかで時として不自由な思いをすると、人はその原因を他責にしがちです。つまり、「自分はいろいろと努力し働きかけているのに、上司が・同僚が・他部門が非協力的だか

らできないんだ」と言い訳をするのです。しかし、「原因自分説」という考え方があるように、往々にして原因は当の本人にある場合が多いのです。

そこで出てくるのが、セルフ・モチベーションのすすめです。「セルフ・モチベーション」（Self-motivation）とは、自分自身のモチベーション（やる気）を自分で適正にコントロールし向上させるための手法です。

人を動機づけるためのアプローチとしてよく引き合いに出されるのが、「外発的動機づけ」と「内発的動機づけ」です。

外発的動機づけが、たとえば報酬という外的な要因によって人のやる気に刺激を与えるのに対して、内発的動機づけは、人の内面的な要因によってやる気を喚起させます。一例が、仕事に対する興味や関心が強い動機となって、仕事に対する前向きな姿勢を引き出すことなどです。そして、セルフ・モチベーションに有効なのは、この内発的動機づけといわれています。つまり、仕事に対する意味合いをどう見出すかで、人はがぜん、やる気になるということです。

22. 仕事の意味の見つけ方

◆自分の仕事の意味合いを知る

　新入社員が入社して職場に配属されると、最近では、仕事や会社生活に慣れるまで、少し先輩格の社員がついて面倒をみてくれる「メンター制度」や「バディ制度」を導入している会社も増えました。そのような会社では当面の間、それらの制度のもと、先輩社員の助けを借りて会社生活を送ることになります。

　入社したてでは、なかなか仕事の意味はわかりません。それは、仕方のないことです。上司や先輩から指示されるままに仕事を始め、要領も得ないのでいつの間にか膨大な時間がかかってしまう。そのうちに、担当している業務の意味がわからないことに疑問を感じて、やる気が削がれたり落ちたりしていく。上司の指示だからという受け身的な感じで仕事をしていると、いつしか「やらされ仕事」のような感覚に陥り、場合によっては「やりがいの喪失」にもつながってしまいます。そうならないためにも、第21項で触れたセルフ・モチベーションは重要なのです。

　セルフ・モチベーション的観点からは、もし担当している仕事

の意味や位置づけなどがわからなければ、素直に上司や先輩に確認してみましょう。その際に重要なことは、「仕事の全体観」です。いま目の前で指示されている仕事は、ひとまとまりの仕事のなかでどのような位置づけにあり、自分がそれを担当することでどんな貢献につながるかという視点です。これがないと、仕事はひどくつまらないものになってしまいます。自分の目先の仕事にだけ注意を向けるのではなく、一段上の視点に立って担当業務を見つめてみると、仕事の意味がつかめてきます。

◆鳥の目、虫の目、魚の目

　視座の高さや視点の違いとの関連でいえば、「鳥の目」「虫の目」「魚の目」といったアプローチの仕方が、仕事を進めるうえで特に重要です。

　「鳥の目」とは、大所高所から俯瞰する目を持つこと。空を飛ぶ鳥のように、高い視座から物事を見つめる視点が重要なことを表しています。多くの人は、目先のことにとらわれると、どうしても全体が見えなくなります。しかし、全体を見据える視座が持てれば、目先の事象の捉え方も違って見えてくるものです。仕事に置き換えてみれば、仕事の全体観を忘れずにいることで、自分の担当業務の意味合いも深く理解できることにつながります。

　「虫の目」とは、地中や地表の狭い範囲で暮らしている虫たちのように、細かい視点で注意深く見るということです。大きな目標を達成するためには、そのプロセスにおいていくつかの小さな

目標を立て、それらを達成していく。一足飛びに大きな目標を達成するのは困難でも、地道にコツコツ行うことで大目標に近づくことができるのです。

「魚の目」とは、遠くを見通す視力のこと。鮭やウナギなどの魚は、大海原を泳ぎながらもその水の匂いを嗅ぎ分けて、自分が向かうべき水の流れの方向性を探索するそうです。そんな魚たちのように、来るべき未来を確かに予見する力のことです。

自分が担当する仕事や業務の性格にもよりますが、こうしたいろいろな角度から仕事を捉える力は養っていくべきです。

◆まずは置かれた場所で咲いてみる

渡辺和子さん執筆の『置かれた場所で咲きなさい』（幻冬舎）という本があります。あなたの立場に置き換えてみれば、たとえどんな会社のどんな職場に配属されたとしても、まずはその職場で花を咲かせてみようということです。ましてや入社１年目であれば、自分でも思うようにいかないことがたくさんあることでしょう。しかし、最初にどんな境遇に立たされたとしても、まずはその場で頑張ってみることは重要です。

これは、僕の経験でもあるのですが、担当している仕事の意味がわからずに毎日あくせく仕事をしているうちに、あるときぱっと視界が広がって、その担当業務の意味合いが理解できたということがありました。あるいは、そのときはよくわからずに無我夢中で仕事をしていても、少し時間が経過してみると、その仕事の

本当の意味合いが身に染みて理解できたという経験もしています。そんなとき自分なりに悟ったことは、「人はどんな仕事からも学ぶことができる」という真実でした。

　仕事には、無意味な仕事などありません。たとえいまはその意味合いがよくわからなくとも、その仕事の経験は、自分のキャリアにあとあとボディブローのように効いてくるのです。

◆「一隅を照らす社員」になる

　いつのことだったか、「一隅を照らす」という表現を知りました。一隅とは片隅ということです。「一隅を照らす」とは、天台宗の開祖・最澄の言葉で、その意味は、「一人ひとりが自分のいる場所で、自らが光となって周囲を照らしていくことがわれわれの本来の役目であり、それが積み重なることで世の中がつくられる」ということだそうです。

　僕たちは、どちらかといえば派手で目立つ仕事に目を奪われます。しかし、あまり目立たない立場でも黙々と仕事に貢献していくことこそが得がたいこと、尊いことだと思えるのです。いつの日か大きな仕事を成し遂げることは、もちろん重要です。しかし、まずは目の前の仕事を成し遂げる。いま自分にできることに精一杯取り組んでみる。そうやって一人ひとりが灯す灯火が、やがて大きな光となる。忘れられがちですが、そんな当たり前のことに思いが至る言葉です。

　「一隅を照らす社員」になる。そんなところから始めてみませんか？

23. 部下の立場と フォロワーシップの自覚

◆組織は「上司」と「部下」とで成り立っている

会社に入ってまず気づくことは、組織は「上司」と「部下」とで成り立っているということです。あなたも、この運命からは逃れることができません。

あなたが会社に入り職場に配属されれば、入社が少し早い社員はあなたの「先輩」になりますし、部長、課長といった一定の役職者なら「上司」に当たります。彼らから見れば、あなたは「後輩」であり「部下」と呼ばれる立場です。だから、まずあなたも部下としての立場を自覚する必要があるのです。

では、なぜ組織が必要なのでしょうか。シンプルに考えれば、仕事をするには、1人が単独で行うよりも、チームや組織で取り組むほうが効率的だし生産性も高くなるからです。組織の形態は多種多様ですが、重厚長大の縦割組織だと意思決定のスピードが遅れがちになるので、できるだけ階層を減らしたフラットな組織が志向されるようにもなっています。それでも、上司と部下の関係や立場はなくなったりはしていません。

組織としてのパフォーマンスを上げるためには、この上司と部下との関係性をいかに良くしていくかが問われます。そこにまた、さまざまな考え方が介在してくるのです。

◆上司と部下との良い関係

　組織は、上司と部下との関係性でできているといっても過言ではありません。幸せな職場か不幸せな職場かは、一にかかって上司と部下との関係性です。

　たとえば、マサチューセッツ工科大学のダニエル・キム教授は「組織の成功循環モデル」というコンセプトを提唱しています。

　これによれば、グッドサイクル（良循環）で回っている組織は、まず「関係の質」が良好です。関係の質が良いと、

①お互いに尊重し一緒に考えるようになります。

　「関係の質」が高まれば、「思考の質」にも影響して、

②気づきがある、おもしろいといった感覚が芽生えます。

　この思考の質の高まりは「行動の質」にも影響し、

③自分で考え自発的に行動するようになります。

　すると、自ずと「結果の質」も高められ、

④ますます成果が得られることにつながります。

　すると、これがまた「関係の質」を高め、

⑤信頼関係がさらに高まることになるのです。

　バッドサイクル（悪循環）も見ておきましょう。こちらの場合は、「結果の質」からスタートします。つまり、

❖組織とは、「人の集まり」であると同時に「関係性の集まり」でもある
❖人間関係の質が高まると、会話や対話を通じてアイディアが生まれ、それにともなっ
　て行動の質が高まり、結果の質につながっていく

○グッドサイクル
　①お互いに尊重し、一緒に考える
　　（関係の質）
　②気づきがある、おもしろい
　　（思考の質）
　③自分で考え、自発的に行動する
　　（行動の質）
　④成果が得られる
　　（結果の質）
　⑤信頼関係が高まる
　　（関係の質）

×バッドサイクル
　①成果が上がらない
　　（結果の質）
　②対立、押し付け、命令する
　　（関係の質）
　③おもしろくない、受け身で聞くだけ
　　（思考の質）
　④自発的、積極的に行動しない
　　（行動の質）
　⑤さらに結果が出ない
　　（結果の質）

資料：マサチューセッツ工科大学　ダニエル・キム教授の提唱モデル

①成果が上がらないという状態が続くと、上司からすれば、部下

　に対して「お前、何やっているんだ」ということになり、

②対立、押し付け、命令口調になったりして、「関係の質」が劣

　化します。

　すると、

③そんな上司と一緒に働いていても、少しもおもしろくない、あ

るいはただ受け身で話を聞くだけとなり、「思考の質」が落ちていきます。

すると、いきおい

④自発的、積極的に行動しなくなり、「行動の質」も落ちてきて、

⑤さらに結果が出なくなる

という、最悪のパターンに陥ってしまうのです。

組織とは「人の集まり」であると同時に「関係性の集まり」でもあります。上司・部下間の人間関係の質が高まると、会話や対話を通じてアイディアが生まれ、それにともなって行動の質が高まり、結果の質につながっていきます。良好な人間関係が大前提ということがおわかりいただけたかと思います。

◆優れた「フォロワー」になるために

部下という立場であると同時に、あなたは「フォロワー」であるともいわれます。これは、上司が「リーダー」と呼ばれるのに対して、部下は「それに従い付いていく」という意味合いで「フォロワー」と呼ばれているのです。したがって、部下であるあなたは、フォロワーとしての自覚が求められてきます。しかし、ただ単に盲目的にリーダーに付いていくのがフォロワーの立場ではありません。そこには、求められ期待される行動パターンが存在します。

一般的に上司に求められているのは、「マネジメント行動」と「リーダーシップ行動」です。「マネジメント行動」とは、マネー

ジャーや管理者の立場で、部門や部署といった組織を取りまとめる業務に従事している人の行動のことです。一方、「リーダーシップ行動」とは、リーダーや上司の立場で、仕事に対する自己の使命感と周囲からの期待に応え、求心力をもって自律的に行動する人の領域に当たります。

これに対して「フォロワーシップ行動」は、フォロワーや部下の立場で、与えられた役割と組織全体に対する当事者意識を持って、いま自分にできることに最善の努力を傾注する人の領域を指しています。だから、単純にリーダーに付いていくのではなく、きわめて主体的・自律的な立場なのです。

役割行動パターンでいちばんよくないのが「限定的役割行動」と呼ばれるもので、これは、本来やるべき役割にさえ受け身的な行動にとどまるか、限定された役割でさえ消極的な対応しか取れない人の領域のことをいいます。

あなたも部下でありかつフォロワーであるという自覚を持ち、本来すべき役割行動を常日頃から心がけることが、組織人としての務めだと理解しましょう。

24. ウェルビーイングな働き方

◆日本の会社がいま抱えている課題

　会社に入るとすぐに気づくことですが、課題のない組織はありませんし、問題のない職場はありません。入社１年目のあなたにとっては、そういわれてしまうと夢も希望もなくなってしまうかもしれませんが、それが現実だということもよく理解しておく必要があります。

　たとえば一時期、「エンゲージメント・サーベイ」に関するグローバルな調査結果が話題になりました。これは、アメリカのギャラップ社という調査会社が2017年に行った「グローバル職場環境調査」（State of the Global Workplace）に答えた結果だったのですが、日本の会社で働くエンゲージメントの高い「熱意溢れる社員」の比率は、たったの６％でした。これは、アメリカの32％と比べると圧倒的に低く、調査対象136ヵ国中132位という最下位レベルでした。

　この調査結果については、日本人の謙虚な国民性なども微妙に影響しているともいわれましたが、やはり問題視しないわけには

いかないでしょう。このあたりから、日本の会社でも、とりわけ昨今の人的資本経営のトレンドとも相まって、エンゲージメントをどう向上させるかが大きなテーマとなっています。

ここで、エンゲージメントとは「熱意溢れる」というように訳されていますが、本来的には「組織に対する前向きな貢献意欲」のことであり、これが低いことは、組織の生産性や、ひいては会社業績にも良くない影響を及ぼすと危惧されているのです。こんなところから、組織の生産性を高める取り組みとして、働き方改革にいっそうの拍車がかかり、職場レベルでの上司・部下間の関係性の改善やコミュニケーションの円滑化のために、1 on 1 ミーティングが推奨されてきています。さらには、安心して働ける職場づくりのために、近年では「心理的安全性」が重視されるようになりました。

さらに最近では、このエンゲージメントの概念を超えて、職場における「幸福」や「ウェルビーイング」がキーワードとして浮上してきています。

働く社員の「幸福」と一口にいっても人それぞれであり、それこそ幸せに対する考え方は多様です。しかし、ここでもグローバルな調査では、日本は劣勢な状況にあります。

たとえば、「国際幸福デー」の3月20日に、国連の関係組織である「持続可能な開発ソリューション・ネットワーク」（SDSN）は「世界幸福度報告書」（World Happiness Report）を公表しています。その2023年版によれば、国別の幸福度ランキングで日本

の順位は137ヵ国中47位でした。前年の146ヵ国中54位よりは上昇したものの、依然として低いポジションにあります。

◆「幸福」の三段重理論

　幸福をどう捉えるかについては、いろいろな考えがあります。ここでは樺沢紫苑さんの『精神科医が見つけた3つの幸福』（飛鳥新社）から「幸せの三段重理論」について説明しておきましょう。

　彼は精神科医らしく、幸福を構成する代表的な3つの「脳内物質」をピラミッド構造で捉えています。

1. セロトニン的幸福

　まずいちばん下にくるのが「セロトニン的幸福」です。われわれが幸せを感じるときに脳内に分泌される脳内物質のうち、主要な「幸福物質」としては、セロトニンがあります。「セロトニン的幸福」とは、一言でいうと健康の幸福であり、心と体の健康となります。確かに、まず心身ともに健康でなければ幸せは感じられませんから、これは素直に理解できます。

2. オキシトシン的幸福

　その上に位置づけられるのが「オキシトシン的幸福」です。これは、つながりと愛に関する幸福のこと。友情や人間関係、コミュニティへの帰属意識などに関する幸福です。会社組織に属していることに安心感が得られれば、この種の幸福を感じることも理解できるでしょう。

図表7　幸せの三段重理論

❖幸福には優先順位がある。この優先順位を間違うと不幸になる
❖幸せを積み上げる順番としては、まずは「心と体の健康」、次に「つながり・
　愛」、そして「成功・お金」の順となる

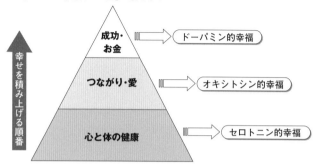

資料：樺沢紫苑『精神科医が見つけた3つの幸福』（飛鳥新社）p.32より引用

3. ドーパミン的幸福

　そのうえで、三角形のいちばん上に位置するのが「ドーパミン的幸福」です。これは、お金や成功、達成や富、名誉や地位といったものに関する幸福です。健康であり、組織への帰属意識が感じられ、そのうえで仕事に成功して富や名誉が得られれば、確かに一つの「幸せの形」といえるでしょう。

　あなたも、会社で何のために働くかという素朴な問いに対して、自分なりの回答を考えてみてください。自ずと、そこにはあなたなりの働く意義が見出せるはずです。

◆働く幸せを手に入れる

　しかし、入社1年目の人たちの価値観からすれば、お金や富、

名声といった「自己実現」よりも、たとえば SDGs（Sustainable Development Goals；持続可能な開発目標）のような「世界実現」的な考え方や社会貢献意識、「世界倫理」の追求といったものに「幸せ価値」を見出すかもしれません。これは、かつて「欲求5段階説」の提唱者として有名なアブラハム・マズローが晩年に唱えた自己実現を超える「自己超越」（トランス・パーソナル）にも近い概念ということで、最近また注目を集めています。

いずれにせよ、働く人の幸福は、個人によってもきわめて多様であり、自分なりの働く幸せを考えていく必要性があります。右肩上がりの成長や量的拡大がもたらしたこれまでの幸せ価値とは違う考え方を、自分なりに打ち立てていくよう努力すべきなのです。

25. パワハラ・セクハラへの対処

　職場で不快な気持ちになることなく仕事が行えるようにするために近年、取り組みが強化されているものに各種のハラスメント対策があります。これは、SDGs など人権に関する世界的な潮流とも軌を一にする形でつながっています。

　ハラスメントの代表格といえば「パワーハラスメント」（パワハラ）と「セクシャルハラスメント」（セクハラ）です。身近な問題として発生する可能性もありますから、この代表的な2つのハラスメントについて、理解を深めておきましょう。

◆パワハラ対処の基本知識

　パワハラとは、「同じ職場で働く者に対して、職務上の地位や人間関係などの職場内の優位性を背景に、業務の適正な範囲を超えて、精神的・身体的苦痛を与える又は職場環境を悪化させる行為」のこととされています（厚生労働省「職場のいじめ・嫌がらせ問題に関する円卓会議ワーキング・グループ報告」）。

　ここでいう「優位性」には、上司から部下に行われるものだけ

でなく、先輩・後輩間や同僚間、さらには部下から上司に対して
など、さまざまな優位性を背景に行われるものも含まれます。場
合によっては、部下であるあなたが上司に対してパワハラを行う
と判断されるケースもあることは、ちょっと注意が必要です。

　パワハラの種類としては、次の6類型がポピュラーです。

1. **身体的な攻撃**：暴行・傷害

2. **精神的な攻撃**：脅迫・名誉毀損・侮辱・ひどい暴言

3. **人間関係からの切り離し**：隔離・仲間外し・無視

4. **過大な要求**：業務上明らかに不要なことや遂行不可能なことの
　強制、仕事の妨害

5. **過小な要求**：業務上の合理性なく、能力や経験とかけ離れた程
　度の低い仕事を命じることや仕事を与えないこと

6. **個の侵害**：私的なことに過度に立ち入ること

　また、会社が行っているパワハラ防止策には、次のようなもの
があります。これらを参考にして、自分の会社の防止策の充実度
についてもチェックしておきましょう。

1. **就業規則・労働協約などでの方針の明確化**

2. **研修などによる啓蒙活動・実態把握のための社員アンケート等
　の実施**

3. **苦情処理機関・相談窓口の設置と対応策の策定・実行**

◆セクハラ防止の基礎知識

　セクハラとは、一言でいえば「職場での相手の意に反する性的

言動」のことです。大別すると次の2つになります。

1. **対価型セクハラ**：職務上の地位や権限を利用して不利益や利益を与える性的言動

2. **環境型セクハラ**：労働環境や就業環境に著しく悪い影響を与える性的言動

　1999年の男女雇用機会均等法の改正で、事業主にセクハラ防止の配慮義務が科されるようになりました。これが日本の法律で初めてセクハラが規定されたものです。2007年の同法の改正では、保護の対象が「労働者」となり、一般的には女性が対象と思われがちだったセクハラ対象に、男性も加わることになりました。

　なお、セクハラ防止策としての会社の取り組みについては、パワハラ防止策とほぼ一緒です。

◆テレハラ・リモハラにはくれぐれも注意

　一方、急速に普及した在宅勤務の環境下で、新手のハラスメントも発生しています。いわゆる「テレワークハラスメント」（テレハラ）や「リモートワークハラスメント」（リモハラ）です。

　テレハラやリモハラが注目されたのは、2020年4月の緊急事態宣言直後あたりから。ツイッター（現X）などSNS上で、テレワークやリモートワーク中のオンライン・コミュニケーションの際の上司の言動を問題視する投稿が相次ぎ、オンライン上での「3密」（密説、密視、密会）回避が重要とされました。

1. **密説**：頻度高く相手に細かく説明を求める

2. 密視：常に画面を ON にさせて仕事を監視する

3. 密会：頻繁にオンライン会議やチャットなどを行う

　たとえば、業務の進捗状況を逐一説明させたり報告させたりすれば、それが過度に陥ると「密説」になります。これは、マイクロマネジメントの世界です。また、常にビデオ機能を ON にしたまま相手の仕事ぶりを監視すれば「密視」となります。頻繁にオンライン会議を開催したりチャットで相手につぶやいたりすると、これは「密会」と受けとめられる場合もあります。つまり、テレワークやリモートワークに付随する上司の過剰な干渉をテレハラ、リモハラと受けとめられる確率が高いということです。このような上司の言動がある場合には、部下といえども毅然とした態度を示したり、場合によっては、上司に対して注意を喚起することも必要となります。

　また、パソコン画面のなかには、プライバシーがあまり映り込まないようにしましょう。相手の部屋の様子や家族の状況など、映ったものに対して過度に質問するのもご法度です。子どもの声や部屋の雑音などに反応したり、接続状況に文句をつけたりするのも控えたほうが無難です。

　これらは、業務中に起きるという点では、パワハラかセクハラのいずれかに該当します。ハラスメントか否かは、それに類する言動を取った本人（主として「上司」）の自覚というよりも、それを受けとめる側（主として「部下」）の判断に左右されます。つまり、相手がそれをハラスメントと受けとめれば事案化してし

まう確率が高いということです。

　なお、リモートワークの導入・普及と時を同じくして、2020年
6月には「改正労働施策総合推進法」（パワハラ防止法）が施行
され、パワハラ防止が義務化されました。会社としても個人とし
ても、この新たなハラスメント形態への対応には、十分注意が必
要といえるのです。

26. ワークルールを学ぶ

◆働く職場は法律だらけ

　第6項の就業規則のところでも触れましたが、会社に入って実際に仕事に就くと、働く職場は法律だらけということに気づきます。あまりの多さに最初は少し窮屈な思いをすることがあるかもしれませんが、やはり働くことの前提条件としてよく理解しておくべきものです。

　仕事をするうえで遵守が求められる法律としては、たとえば次のようなものがあります。

1. **労働基準法**：賃金・労働時間などの最低基準を定める
2. **労働契約法**：労働契約の締結や変更、解雇に関して定める
3. **労働安全衛生法**：職場の安全と健康を確保するためのもの
4. **労災保険法**：仕事が原因でのけがや病気になった際の補償など
5. **最低賃金法**：賃金支払いの際の最低額を保障するもの
6. **育児・介護休業法**：育児や介護で休暇・休業を取得する際に適用されるもの
7. **男女雇用機会均等法**：働き方の男女差別をなくすためのもの

8. 労働組合法：労働組合と会社との関係について定めたもの

一つひとつについて、すべて知っておく必要はないものの、いざというときにこれらの法律が適用されてきますので、基礎知識として理解しておくことは重要です。

「ワークルール」とは、これらに基づき実際に働く際に守らなければならない法律や決まりごとのことです。「労働法」とも総称されています。雇用する側もされる側も、ともに守らなければならないもので、これを遵守することは、労使ともに不要なトラブルを未然に防ぎ、健全な職場環境を確保していくために必要なことなのです。

◆ワークルールに強くなる

あなたが一社員として働くことを想定した場合、次のような局面でワークルールを意識する必要が出てきます。働くことを前提で考えると、ワークルールに強くなることが賢明な措置なのですが、これらをよく知らないまま会社生活を送ってしまっているビジネスパーソンが大方なのも事実です。

そこで、たとえば次のような点については、最低限理解を深めておきましょう。

1. 労働契約

社員は、雇用されるにあたって会社と労働契約を結びます。労働契約とは、社員（労働者）と会社（使用者）との間で、労働の提供や賃金の支払いを前もって取り決める契約のことです。

2. 労働条件

労働契約のなかで決められているものとして、次の労働条件については確認しておく必要があります。

- 働く期間
- 働く期間が決まっている場合の更新の基準
- 働く場所・仕事内容
- 働く時間・休憩時間・休日
- 給料の額・支払時期など
- 退職に関すること

通常、これらの労働条件については、「労働条件通知書」や「労働契約書」によって明示されます。

3. 賃金

賃金については、①通貨で、②直接労働者に、③全額を、④毎月1回以上、⑤一定期日に、支払うとされています。

ただし、労働者との合意があれば、口座振込でもよいとされています。また、全額支払いの例外として、税金や社会保険料等を賃金から差し引くことは許されています。

4. 労働時間・休憩・休日

労働基準法では、使用者は原則1日8時間・1週40時間を超えて働かせてはならないと定めています。また、休憩や休日については、次のように定めています。

- 休憩：1日の労働時間が6時間を超える場合45分以上
  8時間を超える場合60分以上

－休日：1週間に少なくとも1日または4週間を通じて4日以上

5. 年次有給休暇

　年次有給休暇については、正規雇用と非正規雇用を問わず、雇用時から6ヵ月以上経過し、全労働日の出勤率が8割を超える労働者に与えられる法定休暇となります。有給休暇の付与日数についても労働基準法で定められていますが、2019年4月の労働基準法の改正により、有給休暇取得が義務化されています。

6. 割増賃金

　労働基準法では、1日8時間の法定労働時間を超えた場合、25％以上（1ヵ月60時間を超える場合には50％以上）の割増賃金を支払わなければならず、また、22時〜翌5時までの深夜労働に対しては、50％以上（時間外労働25％以上＋深夜労働25％以上）の割増賃金を支給することが定められています。

7. 退職・解雇

　原則として労働者には退職の自由がありますが、まずは自社の就業規則や労働契約書などで労働条件を確認しましょう。

　期間の定めのない雇用の場合は、いつでも退職の申し出をすることができ、申し出た日から2週間を経過すると会社を辞めることができます。期間の定めのある雇用でも、やむを得ない事由がある場合には、労働契約期間中であっても辞めることができます。

◆リモートワークでも求められるワークルール

　本項の冒頭で触れた労働関連法令等に基づくワークルールについ

いては、リモートワーク環境下でも適用されます。

　就業においては、在宅やリモートワークで上司の目が届かないところで働くと、社員が長時間労働をして健康を害するのではないかという懸念がつきまといます。これは、ちょっとむずかしい表現を使うと、「労働実態把握の困難化にともなう会社側の安全配慮義務違反への懸念」となります。つまり、会社としての健康管理責任が問われることへのリスク意識です。

　労働基準法における、時間外管理に関する「三六協定」の上限設定をはるかに超えてしまうケースや、労働安全衛生法が求める健康確保措置が取れない社員が出てくる場合を想定してのことです。

　労働時間が特定しがたい働き方をしている社員に対しては、これまでもその労働実態に応じて「事業場外みなし労働時間制」や、対象職種は限られますが「裁量労働制」の導入などで対応してきた経緯があります。リモートワークの対象社員に対しても、これらの制度適用は十分考えられるものと思われます。

　しかし昨今では、過労自殺などの痛ましい先例もあり、働き方の自由を完全に社員に委ねてしまうことに対して、会社側は懸念を払拭できない現実もあります。働き方改革関連法案の導入にあたり、裁量労働制の対象職種の拡大や「高度プロフェッショナル制度」の検討が物議を醸したように、時間管理と自由裁量との間でのせめぎ合いはまだ解決できておらず、悩ましい状況にあることも知っておくべき事実なのです。

27. 「飲み会」への参加と作法

◆やっぱり対面が重要

　コロナ禍を学生時代のどこかで経験した入社1年目のあなたは、大切な時期に、オンライン授業が続いたり、対面で友人たちとの関係を深められない寂しさ、もどかしさが続いたことは、容易に想像がつきます。それは社会人も同様で、コロナ禍といわれた数年間は、入社間もない社員が上司や先輩、同僚とのコミュニケーション機会をなかなか持てない時期が続きました。このような環境が続いたことは、個人にとっても会社にとっても大きな損失だったと感じています。

　コミュニケーション機会という意味では、オンライン会議やリモートでの1on1ミーティングなども開催されました。オンライン飲み会やリモート飲み会なども実施されています。そして、画面越しでのざっくばらんなコミュニケーションを経験した方も多いかと思いますが、冷静に考えてみれば、画面に映る会社の同僚を見つめながら、自宅で1人で飲んでいるという孤独な状況だったことも事実です。

アフターコロナといわれるようになってあらためて思うこと
は、「やっぱり対面が重要」ということでした。

◆飲み会の作法をわきまえる

　対面が重要という意味では、会社の上司や重要な取引先とのコ
ミュニケーション機会としての飲み会は、やはり大切なイベント
であると、あらためて感じています。その場合、参加者が気持ち
よくお酒が飲める環境づくりに留意する必要があります。特に新
入社員や若手ビジネスパーソンは、この点をよく心がけておきま
しょう。なぜなら、「飲み会を制する者は職業人生を制する」と
いう面があることも否定できないからです。

　飲み会にもいくつかの基本的な作法があります。ここでは、そ
のポイントを6つにまとめました。

作法その1. 約束の時間には絶対に遅れない

　社会人ならわきまえておくべき飲み会の作法の1つ目は、約束
の時間には絶対に遅れないということです。約束の時間を守るこ
とは、ビジネスパーソンとしては当たり前。しかし、その当たり
前のことが実はむずかしいのが現実です。社内の飲み会に遅れる
ということは、大切なお客さまとのミーティングにも遅れるかも
しれないというマイナス・イメージを与えかねません。そのた
め、新入社員なら少なくとも10分前、余裕をみれば30分前には会
場に到着しておくという心がけが必要です。

作法その2. 自分の席は出入口近くの下座を確保する

　席は出入口近くの下座を確保することが、飲み会の作法の2つ目としてあげられます。最近では、注文はQRコードでというお店も増えてきていますので、そこまで気を遣わずとも済むケースも出てきてはいます。しかし、新人や若手社員は注文や料理の受け取りなどをこなすため、出入口近辺の席を確保しておくのが無難です。社会人になると、取引先のお客さま、あるいは上司や先輩のような、立場が上の人とお酒を飲む機会が多くなります。このような場合には、座る席についても心配りが必要となります。

作法その3. 乾杯のときは目上の人のグラスより少し下げる

　飲み会の作法の3つ目は、乾杯のときはグラスの位置に気を配り、目上の人のグラスよりも気持ち少し下げるということです。これは、お客さま対応の際にも同様です。ワイングラスでの乾杯の場合には、ワイングラス同士をぶつけてしまわないよう注意しましょう。

作法その4. お酌は両手で丁寧に

　社会人になって、初めてお酌をしたという人もなかにはいると思います。人にお酌をするときは、片手ではなく両手でするのが作法です。瓶やお銚子などを片手で持ったら、反対の手はそっと瓶を支えるように持つと丁寧な印象を与えます。

　社会人は上司との飲み会だけでなく、取引先との会食や懇親会などもあり、酒の席といえども作法が必須の場面は避けて通れなくなってきます。作法が必要な飲み会では常に気を配り、グラス

が空いたらお酌をするのも相手に対する心遣いです。

作法その5. 上司のお酌は一口飲んでからテーブルに置く

上司にお酌をしてもらったときは、両手でグラスやお猪口を持って「いただきます」とお礼をいい、お酌してもらったお酒は、テーブルに置かずにそのまま口にするのが作法です。グラスやお猪口は一口飲んでからテーブルに置きましょう。

作法その6. 飲み会の翌日には必ずお礼を

飲み会の翌日は、必ずお礼を言います。上司に連れて行ってもらったりご馳走になったりした飲み会ならばなおのこと、翌日には必ずお礼を伝えましょう。そうすれば、お礼を言われた上司も、お礼を伝えた自分も朝から気持ちよく仕事に臨めるというものです。もし、次の日にお礼を伝えるべき人に会えなければ、一言、お礼のメールを入れるぐらいの配慮が欠かせません。

なお、昨今では「アルハラ」（アルコールハラスメント）が問題視されるようになってきていますので、お酒をすすめる際にも、お酒が飲めない人に対しては無理強いしないことや、自分がお酒が苦手な場合には、「せっかくですが、お酒が飲めない体質なので…」など、角の立たない断わり方に配慮することも大切です。せっかくの楽しい飲み会ですから、相手を不愉快な気持ちにさせないようソフトに伝える配慮が重要となります。

28. レジリエンスを鍛える

◆ 「打たれ強さ」は職業生活に不可欠

　「レジリエンス」（Resilience）という言葉は、東日本大震災の頃からよく耳にするようになり、コロナ禍においても話題になりました。「回復力」や「復元力」「しなやかな強さ」などと訳されますが、経済におけるレジリエンス、組織におけるレジリエンス、そして個人におけるレジリエンスと、さまざまなレベルでレジリエンスは語られています。

　このレジリエンスという要素を育み、しなやかに進化し続ける経済や組織、個人には、たとえ激しい環境変化のもとでもバランスを保ち、環境に適応し、能動的に学んで自らを変革させることのできる特性が備わると考えられています。これから社会人としての職業生活に踏み出していくあなたにとっても、とても大切な能力といえるでしょう。

　昨今のような環境変化の激しいビジネス社会にあっては、個人にとって「打たれ強さ」を意味するレジリエンスを鍛えることで、仕事の重圧からくるストレスやプレッシャーから心身の健康

を守り、自己の成長の糧とする力を身につけることが重要です。これからの職場生活のなかでは、打たれ強さや強靭さ、鋼のメンタルが問われてくることになるのです。

　レジリエンスは、すべてのビジネスパーソンにとっての必須スキルであり職業生活の基本、人生を豊かにするための土台となるものです。レジリエンスが高い人の一般的な特徴をあげてみると、たとえば次のとおりです。

1. 多少の失敗をものともせず自分の成長の糧としている
2. 心が折れそうになってからの復活が早い
3. 困難なミッションであっても自分を信じて挑戦し続ける
4. 自分の長所・短所、強み・弱みを冷静に分析し認識している
5. ありのままの自分を素直に受け入れている
6. 自分自身の考え方や価値観に揺るぎない自信を持っている

◆レジリエンスを鍛える意義

　レジリエンスを鍛える意義とはどこにあるのでしょうか？

1. 心の健康を保ちストレスをマネジメントする

　レジリエンスを鍛える意義には、まず社会人としてのメンタル・ケアの側面があげられます。いまは「VUCA」と呼ばれる予測困難な時代です。仕事の質や量に起因するもの、あるいは仕事上の失敗や対人関係などで悩み、強いストレスやプレッシャーを感じることで心身に不調を感じ、それが高じることでメンタルに支障を来す人が統計的にも増えています。

心身の不調による遅刻や早退、欠勤や休職など、業務自体が行えない状態を「アブセンティーズム」（Absenteeism）といいます。メンタル不調による休業者が増えることは、組織においても大きな打撃となります。ストレス社会で働く現代のビジネスパーソンにとって、ストレスと上手につき合うことは不可欠なのです。

2. 多少のストレスは自分の成長の糧とする

　ストレスに対してマイナスのイメージを持つ方は少なくありません。しかしストレスは、物事の捉え方や自分の心の持ちようによっては、プラスの力に変えることができます。レジリエンスを鍛え、ストレスを成長のための機会と捉えれば、自身の成長をさらに加速させることができるのです。

◆新人や若手にとってのレジリエンスの重要性

1. 日々の変化への対応力を身につける

　新人や若手のうちは、その多くが未経験であり初体験です。時には、失敗をして大きな壁に直面することもあるでしょう。自分の担当業務だけでなく、担当外の業務に関する問い合わせや緊急のクレーム対応、締切り間近の突発的な業務など、日々めまぐるしく変化する業務や課題にぶつかります。そんな失敗や困難を上手に乗り越えるためにも、レジリエンスは重要です。

2. 早期離職やメンタル不調を防止する

　仕事に失敗はつきものです。たった一度きりの失敗で心が折れてしまい、貴重な成長のチャンスを掴めずに離職したり、メンタ

ルに不調を来してしまったりする新人や若手が増えています。せっかく入社できたのに早期に離職してしまうことは、自分にとっても会社にとっても大きなダメージとなります。新人・若手のうちに、物事を前向きに捉えるポジティブさや楽観性を身につけておくと、その後の自身の成長や挑戦のための素地となります。

◆失敗を恐れず積極的に挑戦しよう！

社会人としてキャリアを重ねていくと、「あのときの失敗があったからこそ、いまがある！」という経験が少なからずあるものです。新人や若手時代に失敗から学び成長した経験がない人は、失敗は悪いものと認識することも多いものです。もちろん失敗したときには反省することも大切ですが、「この経験をしたことで、社会人として成長できた」と前向きに思えると心も休まります。最近では、失敗を許容し、挑戦を奨励する企業文化を育もうとする企業も増えてきました。

また、「目立つことはリスクだ」と考え、周囲に対して過剰に気を遣い、空気を読んで行動する人もいます。もちろん、職場で一緒に働く人たちに配慮することは、ビジネスパーソンにとって必要なことですが、あまりにも空気を読みすぎてしまうことがストレスにつながってはいけません。

心理的安全性が語られる昨今ですが、ありのままの自分を肯定し、周りをあまり気にしすぎないことが、レジリエンスを鍛えるためには有効です。

29. 副業・兼業で職務の幅を広げる

◆まずは本業で自分の軸足をつくる

入社したてのあなたの場合、まずは配属された職場で担当するようになった自分の業務を、一日も早くマスターすることに専念することが大事です。これは、会社のなかで自分が拠って立つ本業の軸をできるだけ早く確立することにつながります。また、自分の核となる業務の専門性を身につけることが、これから容易に予想されるジョブ型社会の広がりに対しても、しなやかに対応していくことになるからです。

「職務特性理論」によれば、人は、自分がとても重要だ・おもしろいと感じられる職務に従事できていると、心理状態にもよい変化が現れ、がぜん、やる気が出て活き活きと働けます。だから、まずはやりがいが持てる本業で自分の軸足をできるだけ早く確立することが重要なのです。

◆副業・兼業で新たな職務を開発する

しかし最近、こうした本業中心主義に少し変化が現れてきてい

ます。

　たとえば、コロナ禍を機に副業や兼業を認める方向に舵を切る企業が増えました。これは、企業の業績の悪化から人件費抑制策の一環として導入が検討された一面もあります。しかし、多くの会社で働き方改革が浸透していくなかで、多様な働き方が問われるこれからの雇用環境を前提に考えれば、働く側はもっとポジティブに捉えてもよいと思われます。

　厚生労働省も推進には前向きで、2018年には副業・兼業について、企業や働く者が現行法令のもとで留意すべき事項をまとめた「副業・兼業の促進に関するガイドライン」（2020年改定）を策定し、副業・兼業についての規定を新設した「モデル就業規則」を改定しています。

　こうした動きに応える形で、副業を解禁する企業も増えています。副業を解禁する背景には、社内に閉じたままの職務経験では、次世代を担う人材が育たないという危機感があります。社外で武者修行して成長を遂げた社員が、その貴重な経験や情報を本業に活かし、会社の成長にも寄与することをねらいとしている会社も出てきました。

　また、たとえば社会保険労務士や中小企業診断士などの資格を活かした業務や起業を認める会社もあります。副業を通じて多様な価値観を身につけてもらうのがねらいです。他の企業や研究機関などで働き、既存事業以外の知見を広げてもらい、新たな人脈づくりや新規事業を創出できる人材の育成をはかる会社もありま

す。中高年の一部の社員を業務委託契約に切り換え、「個人事業主」として働いてもらう制度を開始した会社もありました。外部に人材を出すだけでなく、外部から副業人材を受け入れる会社も現れています。

厚生労働省が2020年に実施した「副業・兼業に関する労働者調査」によれば、有効回答者数15万9355人中、「仕事は１つだけ」（副業なし）が90.3％、「仕事は２つ以上」（副業あり）は9.7％でした。つまり、約10人に１人が副業に就いている計算になるものの、本業の就業形態別で見ると正社員は5.9％にとどまっています。就業比率が高かったのは、自由業・フリーランス（独立）・個人請負で29.8％、これに自営業、会社役員が続きます。副業で活躍している会社員は、まだ少数派なのが実情です。

現在は、経済的な理由で副業に就く人が多いといえますが、これからは、自分のキャリアは自分で考え、中・長期的な視点に立って、副業をあるべき職務開発の一助とする意識が求められてくるでしょう。一人ひとりのキャリア自律のために、副業を戦略的に活用するというスタンスが、個人の側には問われてくることになります。

◆会社の垣根を超えて学ぶ「越境学習」

所属する会社や職場の垣根を超え、他の会社や組織での就業体験を持つことで、一つの会社や組織のなかだけでは得がたい新たな視点や学びを得ることの重要性が高まっています。そんななか

で、「他社留学」や「留職」とも呼ばれる「越境学習」（Cross-boundary learning）に注目が集まっています。越境学習の代表例としては、「プロボノ」や「レンタル移籍」「社外武者修行」などがあります。

　プロボノとは「Pro bono publico」（公共善のために）の略語で、仕事で身につけた知識やスキルを活用してボランティア活動を行うことです。レンタル移籍とは、在籍企業や担当業務とはまったく異なる業種や企業で一定期間働くこと。社外武者修行とは、文字どおり所属組織を離れて修行の旅に出ることです。

　越境学習が求められる背景には、昨今の産業構造や労働環境の変化にともない、サービスや知識を主体とした「知の探索」によるイノベーション創出の必要性が増していることがあげられます。創造力の開発のためには、新たなアイディアや知識・経験が必要なため、社員の異質体験が問われてきます。所属する会社のなかで同一業務に携わるだけでは、社員の学びや成長の機会は限定されてしまいます。そこで、越境学習により異なる環境に身を置くことで、若手世代に限らず、これからのミドルやシニア世代も学びや成長の機会が得られる仕組みや制度の充実が求められているということです。

　将来的な職務の幅の広がりや仕事の多様な選択肢の一つとして副業・兼業があることは事実ですが、その前提として、やはり各人のブレない職業観や仕事観があることは、くれぐれも忘れないでいただきたいと思います。

30. 仕事を通じて自己実現を果たす

◆人は何のために仕事をするのか？

社会人に成り立ての頃、僕なりに自問自答していたことがあります。それは、「人は何のために仕事をするのか？」です。業務が忙しくなり、我を忘れて目先の仕事に没頭していると、いつしか時間だけがいたずらに過ぎて、時の流れに置き去りにされた自分を冷静に見つめる時間ができるようになると、この思いが強烈に自分を襲ってきたりもしたものでした。

「私は、この会社に入って、仕事を通じて自己実現したいと思います」などと、殊勝な心がけで入社の抱負を語る新入社員の姿を、僕はこれまで何度も見てきています。この抱負からすると、社会人として仕事をすることの大きな目的は、この「自己実現」、つまり、嘘偽りのない自分の姿で好きなことをして、それが世のため人のためになるという貢献実感にほかならないでしょう。昨今の職場環境を前提に考えてみても、違和感のある考え方ではありません。

「自己実現」と聞いて連想ゲームのように思い出されるのが、

心理学者アブラハム・マズローの、あまりにも有名な「欲求5段階説」です。

◆「欲求5段階説」を知っていますか？

マズローは、健康な人間はより高次な欲求へと段階的な発展を遂げると、ひたすらポジティブに唱えています。

ここでいう5段階とは、①生理的欲求、②安全欲求、③所属・愛情欲求、④承認欲求、⑤自己実現欲求です。自説のなかで正々堂々と真正面からこの用語を引き合いに出し、かつこれだけ有名にしたのは、間違いなくマズローの功績といえます。

実は、この自己実現のさらに上に「自己超越」（トランス・パーソナル）という概念もあり、マズローはトランス・パーソナル心理学の源流をつくった人とも評されています。トランス・パーソナルとは、自分を超えて、他者、人類、生命、地球、自然などへの関心の拡大や共感に関わるものともいわれていますから、昨今話題のSDGsにもつながる考え方といえなくもありません。

◆競争優位の鍵を握るのは「人」

そんな彼は、著書『完全なる経営』（日本経済新聞出版）のなかで「競争優位に立つための鍵を握るのは組織に属する人間である」といっています。当たり前の言葉のようにも思えますが、原著は、実に1965年の出版です。よい人間、よい会社が世の中をよ

❖マズローの欲求5段階説は、次の各階層からなる
❖マズローが晩年に提唱したものに「自己超越」(トランス・パーソナル)と
　呼ばれるものがある

りよくする。人は仕事を通じて成長する。このようなマズローの主張は、当時のビジネス常識からするとかなり異端だったようです。なぜなら当時のビジネス上の暗黙の仮定は明らかに利潤の追求にあり、これは、いまふうにいえば「株主利益の最大化」でした。ある意味で、人間の血の温かさなどほとんど感じられない世界で、実際に当時は人間性の軽視が指摘されてもいたのです。

　しかしマズローの主たる関心事は、人的成果の側面にありました。企業活動が世の中に変革をもたらすとすれば、それはその企業が提供する製品やサービスを通じてということになります。しかしその中心に位置するのは、まぎれもなくそこで働く人々であ

るべきという考え方です。

　時は流れて現在、まさにマズローの予言どおり、企業の競争優位の源泉は「人的資本」としての人に求められるようになっています。時代がやっとマズローに追いついたと、そういえるかもしれません。

◆職業に貴賤なく、手がける仕事に優劣はない

　職業に貴賤なく、手がける仕事に優劣はない。これは、仕事に取り組む心構えとしては基本中の基本です。しかし実際には、おもしろい仕事、おもしろくない仕事、陽の当たる仕事、当たらない仕事、派手な仕事、地味な仕事等々、世の中にはさまざまな仕事があります。そして仕事に対するやりがいは、あくまでも個人の主観や価値観に基づくものなので、どのような仕事にやりがいを持っても、あるいは、やりがいを持てなくても、それで非難される筋合いはありません。

　僕たちは、同じ働くなら、おもしろい仕事がしたいと考えます。そして最近では、仕事においてどう自己実現をはかるかが、個人にとっての一大テーマとなっています。もちろん人生の一回性ということを考えれば、かけた時間や使ったエネルギーを無駄にしない生き方を望むのは当然です。しかし、会社という組織は一人では成立しません。チームワークを尊重しなければならない業務は数多く存在します。ただ単純に、自分が単独でパフォーマンスを上げていればそれでよいというわけではないのです。

◆常に謙虚な姿勢が問われる

どうせなら目立つ仕事でカッコよく成果を上げて、自分のステイタスや給料を上げていきたいと考えるのは人情です。しかし自分の仕事がうまくいくプロセスに、いったい何人の職場の同僚たちの支えがあったかに思いを馳せる必要があります。しかもそれは、社内での立場が高くなればなるほど、いっそう強く求められてくるのです。

格段の成果が出るような仕事は、どの企業でも限られています。その下で、多くの人たちが黙々と基本業務に携わっていることを忘れてはいけません。この「縁の下の力持ち」的役割を果たしているたくさんの人たちの存在を忘れてはいけないのです。

そして、そのような人たちに対する感謝の心を持つことが、仕事における「やさしさ」なのだと思います。

IV

キャリア開発／
ライフデザイン編

31. 「幸せなキャリア」を デザインする

◆ 「幸せなキャリア」を阻害してきたもの

　あなたのこれからの職業人生において、自らのキャリアをどう切り開くかは、もっとも重要な課題です。しかしこれまで、働く人たちの「幸せなキャリア」を阻害してきたものがありました。

　たとえば、日本の会社特有の閉鎖性です。あるいは、社員の自発性を犠牲にした均一性の強要です。終身雇用など、とうの昔に崩壊してしまっているのに、いまだにそれを前提とした会社側の社員への過剰関与。一方で、「同調圧力」などという言葉に代表されるような、社員の側の会社への過剰適応。こうした状況下での運命論的価値観の支配。つまり、会社組織という閉ざされたカプセル社会のなかでの「幸せ価値」の存在です。

　そんななかで、「キャリア自律」できない社員が陥るのが、"発想の呪縛"です。たとえば、「寄らば大樹」の安定志向。せめて「課長」になれればいい。自己のミッションへの自覚の欠如や人生戦略の欠如。自分のキャリアは自分のものと考える「キャリア権」的発想のなさも、不幸を呼んでしまった要因かと思います。

そんなところから、現在の勤務先での勤続を希望する人の割合は少ないものの、かといって転職意向のある人の割合も少ないという、「アンビバレント」（相反する感情が同時に存在する）な実態が如実に浮かび上がってきています。

◆まずは明確なキャリア・ビジョンを持とう！

　いまのような変化の時代には、キャリアに対する個人としての考えがとても大切になります。たとえば、想定外の変化が起きた場合、自分がこだわりを持つ確固たるキャリア・ビジョンの存在が活きてきます。場合によっては、"機を見て敏"なキャリア・シフトの必要性が生じた場合、確たる自分のキャリア軸を確立しておくことは重要です。

　かつてエドガー・シャインというキャリア論の大家が指摘したように、自分自身のキャリアの出発点にある「キャリア・アンカー」については、十分理解しておくべきでしょう。キャリア・アンカーとは、個人がキャリアを選ぶ際にこだわりを持つ価値観や欲求のことです。もし仮に、まだ自分自身に不動の軸が定まっていないなら、まずはキャリアの軸探しから始めてみるのもいいでしょう。

　このキャリア・アンカーを起点としてキャリアデザインを考え、自分にとって望ましいと思われるキャリアについて、仮説を立てて検証するという行動を何度も実践する。自分らしい、あるいは自分に合ったキャリアに巡り会えるまで、この仮説検証行動

を何度も何度も繰り返すことが重要です。

◆職業人生におけるVSOP＋Pモデル

よりよいキャリアを送ることは、よりよい人生を送ることと同義です。そう考えた場合、とても参考になる考え方があるので紹介します。

それは、新将命さんの『伝説の外資トップが説くリーダーの教科書』（ランダムハウス講談社）のなかで触れられているモデルです。彼によれば、職業人生や仕事人生は、各年代で4つに区分されます。それは、ブランデーの高級品種になぞらえて「VSOP」の4つの頭文字で表現されます。

まず、現在のあなたが当てはまる20代はV（Vitality：活力）です。つまり、20代はとにかく体力が充実しているので、体力にたのんで働いてみる。またこの年代は、とかく試行錯誤はつきものなので、多少の失敗は恐れずがむしゃらに頑張ってみる。そうすることで、あとの年代で活きてくる仕事の基本や基礎、仕事の型が身につきます。この年代は、30代以降に向けた仕事力の充電の時期と位置づけられます。

次に、30代はS（Specialty：専門性）。つまり、自分にとっての専門性を確立する時期です。20代に基礎固めができていれば、それを土台として自分の得意技を自身の強みに転化できます。30代には、自分の拠って立つ専門性の軸を確立する時期です。

これを受けて、40代はO（Originality：独自性）。つまり、自

図表9　職業人生における VSOP ＋P モデル

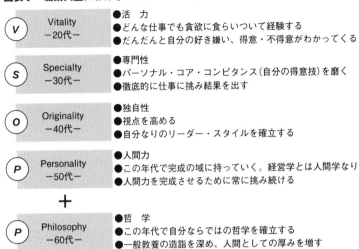

V	Vitality −20代−	●活　力 ●どんな仕事でも貪欲に食らいついて経験する ●だんだんと自分の好き嫌い、得意・不得意がわかってくる
S	Specialty −30代−	●専門性 ●パーソナル・コア・コンピタンス（自分の得意技）を磨く ●徹底的に仕事に挑み結果を出す
O	Originality −40代−	●独自性 ●視点を高める ●自分なりのリーダー・スタイルを確立する
P	Personality −50代−	●人間力 ●この年代で完成の域に持っていく。経営学とは人間学なり ●人間力を完成させるために常に挑み続ける
＋		
P	Philosophy −60代−	●哲　学 ●この年代で自分ならではの哲学を確立する ●一般教養の造詣を深め、人間としての厚みを増す

資料：新将命『伝説の外資トップが説くリーダーの教科書』（ランダムハウス講談社）
　　　の内容に筆者加筆

分ならではの境地に達する時期です。自分の仕事の核となる専門性のうえで「自分らしさ」を表現できると、他人と比べても人材としての競争優位が保てます。

　そして、50代はP（Personality；人間力）。結局のところ、相手が「だれに仕事を依頼するか」や「だれと一緒に仕事がしたいか」を決める場合、仕事を依頼される当の本人の人間力に依存するケースが多いのです。これは、仕事人として生きてきた本人の全人格の勝負です。人間力を磨くためにも、不断の継続的な努力は重要です。

最近のトレンドでもある「人生100年時代」を見据えれば、60歳超の働き方も十分視野に入れる必要が出てきました。そこで、これからの時代には、このVSOPモデルに、さらに一つの要素を加える必要があると僕は感じています。職業人生の約40年を経て、仕事力や人間力を極め、人生を極めれば、その後についてくるものは、もう一つのP（Philosophy；哲学）である蓋然性が高いでしょう。仕事に携わる者はすべて、職業人生の集大成として60代において自分ならではの「哲学」が持てるよう、日々研鑽に努めるべきということです。

　入社１年目のあなたにとっては、だいぶ先の未来の話に聞こえるかもしれません。しかし未来は、意外とすぐそこまできているものなのです。

32. 将来を見据えて 「偶然」からキャリアを紡ぐ

◆キャリアは結局、「偶然」の産物

　人生なんて「棒ほど願って針ほど叶えばそれで御の字だ」といわれます。きちんと計画を立てて行動しても、そのとおりにいかないのが人生でありキャリアです。

　僕自身のキャリアは、なぜか人事や人材を専門ドメインとするコンサルタントとして積み重ねられてきました。いまでこそ仕事柄、講演でのスピーチや各種メディアの取材に応えて、「これからの時代には、明確な自己のキャリア・ビジョンを持つ必要がある」とか「個人の人生戦略が重要」とか、聞いたふうなことを言わねばならない場面にも遭遇します。しかし、自分自身のたどってきたキャリアを振り返ってみれば、実はそれほどの計画性も緻密さも持ち合わせてはいなかったと思っています。いま、自分自身が人事・人材を軸としたコンサルタントとして仕事をしているのも、ある意味では結果論。たまたまそうなってしまっただけの話です。

　振り返ってみれば、大きな転機は2回ありました。

1度目は、大学を卒業して入社した最初の会社で人事部門に配属されたときです。入社時に書いた配属希望には、実は人事は第3希望にすら入っていませんでした。しかし、ある種の運命のいたずらで人事部門に配属され、地方工場で労務管理の仕事をすることになります。就業管理を担当したことから、労働組合の強面の委員長や書記長を相手にするために、泣きそうになりながら必死で労働基準法を学びました。また、仕事上必要となる人事実務を徹底的に勉強させられました。

　そして2度目の転機は、大学院を経て次の会社に再就職したときです。このときも、実は第1志望でコンサルタントを希望していたわけではありません。しかし、前職で身につけた実務知識をベースに、必要に迫られてコンサルティングの手法開発に携わることを迫られました。

　この2つの転機に共通するのは、どちらも自らが自主的・自律的に選択したわけではなく、立場上必要に迫られてやむなく手がけた結果にすぎないということです。そして、どちらの場合も、だれに教わることもなく、独力で知識を身につけノウハウ開発していかざるをえない状況にありました。この分野において頼れるプロの人材が、当時の自分の周囲にはいなかったからです。いわば孤立無援の状況のなかで仕事をし、さまざまな局面で自己の判断が求められる。「日々、薄氷を踏む思い」という表現がありますが、まさにそんな状況が間断なく続いたのです。

　現場のビジネス環境とは常に不完全なものであり、与えられる

ものではなく自らが創発的に創りだしていくものだということを、これまでの体験のなかから骨身に染みて学んだ思いがします。多少の窮地は何度も経験しましたが、必ずといっていいほど「火事場」の頑張りで、最終的には帳尻を合わせてきたというのが、これまでの率直な感想です。

◆プランド・ハプンスタンス・セオリー

こんな自分の経験を裏づけてくれるキャリア理論に、スタンフォード大学のジョン・D・クランボルツ教授が提唱する「プランド・ハプンスタンス・セオリー」（Planned happenstance theory：計画された偶発性理論）があります（『その幸運は偶然ではないんです！』ダイヤモンド社）。

クランボルツの理論によれば、変化の激しい時代には、キャリアは予期しない偶然の出来事によってその8割が形成されます。したがって、むしろ現実に起きたことを前向きに受けとめ、そのなかで自分を磨くことが重要となります。自分のキャリアを切り開いていくためには、むしろ自分のほうから積極的に仕掛けて予期せぬ出来事をつくり出し、実体験のなかから次の手を打っていく。そんな姿勢が必要ということです。

このような計画された偶然を実践していくうえで、重要となるのが次の5つです。

①**好奇心**（Curiosity）：自分の専門だけにこだわらず、自分の知らない領域にも関心を持つ

②**執着心**（Persistence）：いったん始めたら、ある程度の結果が出るまで粘り強く努力する

③**柔軟性**（Flexibility）：こだわりを捨て、どんなことにも柔軟に対応する

④**楽観主義**（Optimism）：どんなことでもチャンスと捉え、楽観的に受けとめる

⑤**リスクテイク**（Risk take）：未知の世界に果敢に挑戦し、積極的にリスクを受け入れる

つまり、計画された偶然は、上記の行動特性を持つ人に起こりやすいということです。結果がわからないときでも常に行動を起こし、人生に起きる偶然の出来事を味方につけて最大限に活用するという考え方には、個人的にも共感が持てます。

よりよいキャリアを創るとは、よりよい人生を歩むことにほかなりません。新入社員のあなたも、あるべき明日に向かって、ぜひ「豊饒なるキャリア」を歩んでいただきたいと思います。

33. ライフデザインを幅広く描く

◆キャリアデザインよりも重要なもの

　これまでの話で、キャリアデザインの重要性は理解できたと思います。しかし、実はキャリアデザインよりももっと重要なものがあります。それが、ここで取り上げるライフデザイン（人生設計）です。

　いま振り返ってみると、新型コロナ禍の３年間は、ライフとワークの位置づけを劇的に変化させ、それまで著しくワークに偏っていた会社生活を強制的にライフのほうにシフトさせました。ワークライフバランスは、ある意味で強制的に実現され、いまではワーク・アズ・ライフ（生活あるいは人生としての仕事）やワーク・イン・ライフ（生活あるいは人生における仕事）というコンセプトを重視する動きが出てきています。

　「QOL」（Quality of Life；生活の質）を重視するトレンドとも相まって、いまや会社におけるキャリアデザインも社員としてのライフデザインに包摂されるようになってきたとみて差し支えないでしょう。「ライフコンシャス・ライフ」（生活に配慮した生

活）を志向することが大切になってきています。

◆ライフデザイン3.0の時代

たとえば、第一生命経済研究所は、いまの時代を「ライフデザイン3.0」と位置づけています。同研究所によれば、ライフデザインは、次のような時代区分に整理されます（『人生100年時代の「幸せ戦略」』第一生命経済研究所編、東洋経済新報社）。

ライフデザイン1.0［昭和の時代］：「20代で結婚して妻は専業主婦、子どもが2人いる4人家族」というような、典型的な家族像を想定したライフデザインを描き、同質的な生き方がめざされた時代

ライフデザイン2.0［平成の時代］：価値観の多様化を受け、個人ごとにカスタマイズされたライフデザインが提唱された時代で、さまざまな生き方や暮らし方を相互に受け入れる包摂的な、ダイバーシティ＆インクルージョンの時代

ライフデザイン3.0［令和の時代］：自分が望む人生を実現するために、何度でもやり直し、方向転換を可能とする、柔軟でレジリエンス（回復力・復元力）の高いライフデザインの時代

ライフデザインにキャリアデザイン、これにフィナンシャルデザインを加え、この三位一体で考えるというのがこれからの妥当な考え方かと思います。

ここでいうフィナンシャルデザインとは、これからますます長くなる人生において、生活の土台となるお金についてしっかり考

えるということです。入社1年目のあなたにとっては、遠い未来を見越してお金について考えることは、まだあまりピンとこないかもしれません。しかし、先人たちのケースがあまり参考にならなくなったこれからの人生をどう生きていくかを考えるとき、フィナンシャルデザインはかなり重要な意味を持ってきます。資産形成に代表されるこれからのお金のあり方については、早いうちから備えておくに越したことはないでしょう。

◆ 『LIFE SHIFT』の衝撃

「人生100年時代」という言葉を一躍有名にしたのは、ロンドン・ビジネススクール教授のリンダ・グラットンとアンドリュー・スコットによる著書『LIFE SHIFT』（東洋経済新報社）です。同書においては、過去200年間の統計データから、今後も人の平均寿命は延びていくと予測し、寿命が100年の時代になることから、これまでのように寿命を80年として考えてきた人生設計を抜本的に見直す必要があると訴え、話題となりました。

人が長く生きることが前提となってくれば、当然のことながら職業人生における考え方も変更を余儀なくされます。たとえば、人生が短かった時代では、「教育⇒仕事⇒引退」という単線型の3ステージの生き方（ライフモデル）を選択していました。しかし、寿命が延びれば、2番目の「仕事」のステージが長くなります。具体的には、従来の3つのステージからマルチステージへと移行します。つまり、2つ、3つのキャリアを持ち、生涯を通じ

図表10　ライフモデルの「これまで」と「これから」

❖「3ステージの人生」から「マルチステージの人生」へ

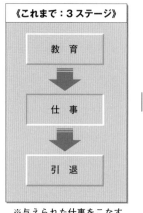

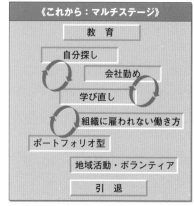

※与えられた仕事をこなす
　だけの受け身の人生

※「ありたい自分」を主体的に選択していく
　自律的で能動的な人生

資料：リンダ・グラットン、アンドリュー・スコット『LIFE SHIFT』（東洋経済新報
　　　社）の内容をもとに筆者作成

て再創造を繰り返すことで、人生の選択肢を広げていく生き方へ
とライフシフトすることになります。それは、まさに先ほど触れ
たライフデザイン3.0とも軌を一にする考え方といえるでしょう。

　そこでは、選択肢を狭めずに幅広い進路を検討する「エクスプ
ローラー」（探検者）や、自由と柔軟性を重んじて小さなビジネ
スを起こす「インディペンデント・プロデューサー」（独立生産
者）、さまざまな仕事や活動に同時並行的に携わる「ポートフォ
リオ・ワーカー」など、選択肢が多様になります。ステージを変
えるごとに新たな能力を身につけ、視野や人とのつながりも強く
なります。それが、マルチステージ型のライフモデルです。

このような新しいステージに移行するにあたっては、自分への積極的な投資が不可欠であり、自分が何者であるかというアイデンティティを常に意識し、自分らしく生きるとはどういうことかを常にイメージして行動することが求められます。これからは、与えられた仕事をこなすだけの受け身の人生ではなく、「ありたい自分」を主体的に選択していく時代なのです。

34. ダイバーシティを実践する

　長らく人事の仕事をしてきた僕は、時代の流れにともなってテーマ的な変遷もあるものだと、つくづく感心することがあります。たとえば2010年を迎えたばかりの頃は、人事のトレンドはグローバル人事やグローバル人材育成でした。それが現在、多くの企業の足元の人事課題は、女性活躍推進や高齢者処遇に焦点が当てられてきています。これに障害者雇用やLGBTQ+（性的マイノリティ）への対応も加わり、人事のメインテーマは、これら諸々のテーマを含めて文字どおり「ダイバーシティ」（多様性）ということになってきています。多様性と共存する時代なのです。

◆法律の制定・改正が多様性を後押し

　最近のこれらいずれの対応についても、新しい法律の制定や法改正が背中を押しているのが事実です。女性活躍推進については、2015年の女性活躍推進法の成立が、高齢者処遇については、高年齢者雇用安定法の改正が大きく影響しています。

　障害者雇用への対応についても、障害者雇用促進法の改正で、

障害者の法定雇用率が引き上げられたことに呼応した動きとなります。LGBTQ+ については、東京都の渋谷区や世田谷区を皮切りに、同性カップルに対して「パートナー認定」を行う地方自治体や企業が増えたことなどが、一時期話題となりました。

　実際の職場では、人は違って当たり前。さまざまな考えや価値観を持つ人材の存在を、まずは許容していく風土や組織文化を醸成していくことが重要となってきました。

◆ダイバーシティマネジメントの現状

　「ダイバーシティマネジメント」という場合、「多様性が企業の発展に寄与し、競争優位の源泉となる」との認識に基づき、企業の成長機会に寄与するものと考えられています。本来的には、「Diversity & Inclusion」（D&I；違いを受容・尊重し活かすこと）の実践にあり、究極的には、ダイバーシティマネジメントを通じて経営環境の変化に迅速かつ柔軟に対応し、事業機会と利益の拡大を実現する経営戦略と位置づけられるものです。

　最近では、これに「Equity」（公正性）を加えて「DE & I」と表記するなど、いくつかのバリエーションも出てきています。ここでいう Equity とは、「一人ひとりの固有のニーズに合わせてツールやリソースを調整し、だれもが成功する機会を得られるように組織的な障壁を取り除いていくこと」を意味します。

　ダイバーシティは、「属性」と「働く条件」から整理できます。

1.「属性」の多様性

①**性別**：男性、女性（ジェンダー・ダイバーシティ）

②**LGBTQ+**：性的少数者（セクシャル・マイノリティとダイバーシティ）

③**身体状況の違い**：健常者、障害者（身体的能力とダイバーシティ）

④**国籍、言語、人種、民族、宗教の違い**：グローバル・ダイバーシティ

⑤**世代の違い**：高齢者、中高年、若年層（エイジ・ダイバーシティ）

2.「働く条件」の多様性（限定社員と無限定社員など）

①**働き方の多様性**：フルタイム勤務、短時間勤務、在宅勤務、育児・介護休業の取得

②**雇用形態の多様性**：正社員、嘱託社員、契約社員、派遣社員、パート・アルバイト

③**働く場所の多様性**：全国転勤、地域限定、在宅勤務

たとえば欧米企業では、性別のみならず国籍、宗教、文化、性的指向などの多様性を尊重し、施策を講じています。また、欧米企業での女性活躍等の取り組みについては、その効果が業績に連動していることを対外的にアピールしているケースも多く見受けられます。

これに対して、つい最近までの日本企業では、ダイバーシティの取り組みの大部分は、女性活躍や出産・育児支援が中心でし

た。ワークライフバランスに対する取り組みは、働き方改革が進んだことでだいぶ浸透してきています。リモートワークについても、劇的に導入・普及が進みました。障害者雇用については、法整備が進んだ結果、2021年3月時点で法定雇用率は2.3％に引き上げられています。さらに、2024年4月から2.5％、2026年7月から2.7％と段階的に引き上げとなる予定です。しかし、これまでの取り組みに関する経営指標等を活用した効果測定については、いまだ不十分な状況です。

◆「ダイバーシティ」と共存する

　ここ数年の間で、世界的には「多様性の波」が押し寄せています。近年のSDGsやESG（環境・社会・ガバナンス）投資、企業の行動原理（コーポレートガバナンス）からの要請で、ダイバーシティ推進は避けては通れないテーマとなってきたからです。特に組織を構成する性別の多様性は、LGBTQ+も加わってグラデーションを帯び、これを「個性」と認める動きが顕著となっています。もはや男性、女性といった2つのカテゴリーだけで性別は語れない状況ともなってきました。

　一方、世界経済フォーラム（WEF）が出している「Global Gender Gap Report」（世界男女格差報告書）の2023年版によれば、ジェンダーギャップ指数ランキングで、日本は146ヵ国中125位です。この順位は、2006年の公表開始以来最低で、主要先進7ヵ国（G7）中、最下位という残念な結果が続いています。

「ジェンダー不平等な国」という印象は、まだなお払拭できていないという現実も、働く者としてきちんと認識しておく必要があります。そのうえで、あなた自身、何ができるかを真摯に考えてみましょう。

35. 「ON」と「OFF」の けじめをつける

◆仕事は際限なく続くもの

　実際に社会人となって仕事を始めてみて思うことは、さしたる問題意識も持たずにただ受け身で仕事をしていると、仕事は、いつまでも際限なく続いていくものだということです。本当にネバー・エンディングで続いていく。それが仕事なのです。

　社会人になりたての頃、入社したての社員にとっては、まずは、上司や先輩からの指示に従って仕事を進めることになります。自分で判断しながら仕事ができるようになるまでには、やはり一定の修業期間を必要とします。その間、業務に対する不慣れさも手伝って、傍目で見れば単純な作業でも想像以上に時間を費やし、上司への報告のあとの手戻りなどが発生すれば、時には目の前の仕事に忙殺されることもあるでしょう。

　担当業務のことが頭から離れず、休憩時間や就業時間後の時間であっても仕事のことを考え続けているうちに、メンタルに支障を来してしまうという残念なケースも実際に出てきてしまいます。だから、処世術的な観点からしても、「ON」（就業時間中）

と「OFF」（就業時間外）とのけじめは、しっかりつけるよう心がけるべきなのです。

仕事が終われば、仕事のことは一切考えない。仕事のことは、就業時間中に集中してしっかりと考える。そのほうが、仕事の生産性向上にも寄与します。そんな割り切りも、時には必要となるでしょう。

日本人は、おしなべて「勤勉」で「生真面目」なので、仕事のことが気になって仕方がないという人が、いまでも結構多いと思います。だからこそ、新人時代から「メリ」と「ハリ」をつける働き方の重要性が生まれてくるのです。

◆まずは「ワークライフバランス」を確保する

こうした実情を反映して、「ワークライフバランス」という言葉は、それが語られ始めた当初、「プライベートな時間を充実させるために、仕事と私生活との時間配分をうまくバランスさせること」と認識されていました。この言葉を変に意識して、仕事時間と私生活の時間とを厳格に分離した働き方をめざしているような社員が、僕の身近にもいたものでした。

しかし本来的には、「仕事と私生活の両方を充実させること」であるべきです。ワークライフバランスは、だれもが自分のライフステージに合わせて、やりがいや働きがいを持って働き続けられることをめざす考え方です。最近では、これに働き方改革やウェルビーイング（幸福）の追求、SDGs など、さまざまなテー

マと深く結びついて、ごく当たり前に受け入れられるようになりました。時の流れとともに、本来的なワークライフバランスが実現されようとしています。

　そして、この流れに決定的に拍車をかけたのが、新型コロナ禍だったのです。強制的リモートワークへの環境変化が、皮肉にも否応なくワークライフバランスを実現させざるをえない現実を突きつけてくることになりました。

◆「ワーク・アズ・ライフ」の視点を持つ

　「時間の制約もなく無限定な、あるいは天井知らずの労働時間で働く社員」は、かつてはジャパニーズ・ビジネスマンといわれましたが、すでに過去の話です。これからはワークライフバランスを旨として、あるいはいま一歩進めて、メディアアーティストの落合陽一さんが『働き方5.0』（小学館新書）などで指摘しているように、「ワーク・アズ・ライフ」の視点が特に重要となってきます。

　「ワーク・アズ・ライフ」とは、仕事とプライベートを分けずに、すべてが仕事であり趣味だとする考え方です。たとえば、副業や兼業もだいぶ一般化してきましたが、そのような立場で働いている人、あるいは、人気YouTuberやフリーランスなどの職業がワーク・アズ・ライフに適しているといわれています。

　彼らのような立場で仕事をしている人にとっては、仕事とプライベートは分かちがたいもの。自分で時間を自由に選んで仕事が

できる人は「時間的ワーク・アズ・ライフ」、ほぼリモートワークで自宅でも仕事ができる人は「場所的ワーク・アズ・ライフ」となります。

ここで誤解してならないのは、けっしてブラックな働き方を推奨しているわけではないということです。ワーク・アズ・ライフの最大のポイントは、長時間労働ではなく「長時間やっても苦にならないほど好きなこと・やりがいのあることを仕事とする」です。かつては、あまりにも仕事に一日の時間と労力を費やし、挙げ句の果てには過労死するというような痛ましい現実もありました。このような過度にワークに偏重した状況に対するアンチテーゼとしてのライフの重要性を説き、仕事と私生活とのバランスを求めたのがワークライフバランスでした。

しかしこれからは、自分を起点とした働き方の価値観や存在意義があってもよいと考えます。自分起点で組織や仕事と向き合い、そこに共鳴・共感できるものがあれば、寸暇を惜しんで仕事をするような状況があってもよいのです。むしろ、そのような環境に身を置いて仕事に専念できないと、自身が追求する理想のキャリアやライフは実現しない。もちろん、このような状況のなかでは、ストレスマネジメントがより重要な意味を持ってきます。

自分自身をどうコントロールしマネジメントしていくかは、きわめて自己責任の領域であることも、理解しておきましょう。

これらを前提として、あなたは、これからどんな働き方を選んでいくのでしょうか？

36. 地球環境と共生する

◆Z世代は「アースコンシャス」

　世代論から見ると、社会人になりたてのあなたは「Z世代」に属しています。このZ世代に特徴的なキーワードとしてよくあげられるものに「アースコンシャス」（Earth conscious）があります。これは、地球環境問題が深刻になり、人々の間に芽生えてきた「この地球を大切にしよう」という意識と行動のこと。

　記憶に新しいところでは、それは、グレタ・トゥーンベリさんら若い世代の環境活動家が世界に向けて積極的にメッセージを発する姿に象徴的に現れています。「いまどきの若いもんは…」とは、古くは古代エジプトの遺跡壁画にも書かれていたといわれていますが、いまどきの若い世代であればこそ、新たな視点でこのテーマに取り組むことができると思います。

◆「人新世」という時代

　最近では、この地球環境のなかで人間の位置づけを捉え直す視点が生まれてきています。たとえば、われわれがいる足下の時代

を新たな地質年代と捉え、それを「人新世」（Anthropocene；アントロポセン）と位置づける動きが出てきました。「人新世」と書いて「ひとしんせい」あるいは「じんしんせい」と読みますが、新海誠監督で話題を呼んだ劇場アニメ『天気の子』のなかにも、主人公がいる部屋のテーブルの上に「Anthropocene」というタイトルの雑誌が置かれていたシーンを、僕は印象深く覚えています。同アニメに通底するテーマは、異常気象でした。

「人新世」とは「人類の時代」ということなのですが、この時代の特徴は、工業化にともなう人間活動の爆発的増大が地球や環境に与える負の影響であり、その人為的な地質学的変化と位置づけられています。海洋生物の胃の中から大量のプラスチックが発見されるシーンがテレビで放映されたりもして、問題喚起が促されました。これから人間は、自然や地球環境とどう共存していくかが一大テーマとなることは明らかです。

爆発的な人口増加がもたらすインパクトは、まさにアントロポセンの大きな課題です。テクノロジーによっていとも簡単に個人が世界を相手にビジネスができるようになり、今後数十億単位の貧しい人々がミドルクラス（中間層）の仲間入りを果たせば、これまで以上に環境への負荷がかかってきます。だからといって彼らが快適な消費生活を望むのを阻むことはできません。

◆「CSR」から「CSV」へ

振り返ってみれば、これまでの資本主義は、合理性や利己主義

がその前提でした。企業が右肩上がりで成長していた時代には、経済合理性を追求することが合目的的であり、社会的価値の向上にもつながるものと考えられたからです。その結果として、社員の給与も安定的に増え、モノやサービスに対する消費者の需要も満たされてきました。しかし、低成長の時代になると、企業を取り巻くステークホルダー（利害関係者）の利益が必ずしも両立しなくなってきました。一方で、経済的価値以外の価値を重視するなど、人々の価値観も多様化してきています。

　「企業の社会的責任」（CSR；Corporate Social Responsibility）も、従来からいわれてきました。しかし、この考え方は、株主価値や企業の持続可能性と社会に与える影響を異なる枠組みで捉え、企業活動の余力によって寄付やボランティアを行う行為と理解されてきました。経営学者のマイケル・E・ポーターが提唱したように、昨今では、これは「共通価値の創造」（CSV；Creating Shared Value）へと発展し、経済的価値と社会的価値が両立するところに事業機会が生まれ、それに合わせた戦略が中・長期的な企業成長を後押しすると考えられるようになっています。これは、「共通善」（Common good）の考え方にも通じるものです。

◆組織を超えた「つながり」の強さ

　このような環境変化のなかから出てきているのが、すでに見てきた「越境学習」であり（第29項参照）、自分の所属組織を超えた人的交流やネットワーク形成の大切さです。「ソーシャル・

キャピタル」（Social capital；社会関係資本）という言葉も一時期話題となりましたが、これは、社会や地域における人々の信頼関係や結びつきを表す概念であり、人と人との「絆」や社会の「つながり」がもたらす力を意味しています。個人としての地域貢献や自主的なボランティア活動なども、ソーシャル・キャピタルを豊かにするための具体的なアクションとみなされるようになりました。

　組織の壁もかつてほど高くはなくなり、社内だけではどうしても限られた知見や知識、ノウハウに終始してしまいがちになるので、自分を起点として広く社内外の人的なつながりを仕事に活かすという発想が大事になってきています。これは、経営学の領域では近年、「弱いつながりの強さ」などと呼ばれるようになりました。少し逆説めいた表現ですが、このような考え方が重要視されてきているのです。

　キャリア開発の機会は、組織のなかだけにあるものではなくなりました。広く社内外を見据えて、ご自身のこれからのあるべきキャリアを考えてみてください。

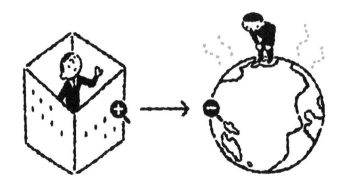

37. 機を見て敏なリスキリング

◆変化に処する個人としてのマインドセット

　技術革新やビジネスモデルの変化に対応するために、新たな分野や職務において新しい知識やスキルを習得することは、最近では「リスキリング」という言葉で定着をみるようになりました。これは、一般的には「学び直し」と訳されています。

　業界構造の変化や人材不足、人的資本経営へのシフトや自律的なキャリア形成など、変化するビジネス環境に対応するためにリスキリングの必要性が叫ばれています。リスキリングは、企業が社員に対して職業能力の再開発を行うことを指し、多くの企業が導入を進めている状況です。まずこのようなトレンドは、よく理解しておきましょう。

　現在のような変化の時代に幸せに生きていくためには、自分のオリジナルな価値観に依拠した生き方が問われてきます。個人と組織との新たな関係を理解することも、時には必要でしょう。それは、「組織が何をしてくれるか？」ではなく、「組織のために何ができるか？」を自問する、そんなスタンスかもしれません。

あるべきキャリアの実現のためには、惜しみない自己投資を継続する。キャリア自律のためには、「あるがままの人生を受け入れる」のではなく、「あるべき人生のために闘う」気概と前向き思考が問われてくるのです。

もちろん、会社も近年、社員のキャリア自律のための支援策に力を入れてきました。

たとえば、職場コミュニケーションの円滑化と上司・部下間の良好な関係性構築のための１on１ミーティングの場においても、キャリア開発支援を重要テーマと位置づける企業は増えています。組織の活性化と健全な新陳代謝を促すために、50代層のキャリアデザインが重要となれば、65歳までの雇用延長やポストオフ後の職務開発も視野に入れ、50代社員のキャリアデザインを積極的に支援する企業も増えてきました。

人生100年時代には、リスキリングは、企業にとっても個人にとっても最重要課題となっていくでしょう。機を見て敏なリスキリングが問われてくるのです。

◆「スキルの未来」を展望する

将来に向けて身につけるべきスキルについて研究成果をまとめている研究者に、オックスフォード大学のマイケル・A・オズボーン教授がいます。彼は、これに先立つ2013年に発表した「雇用の未来」のなかで、今後20年程度でアメリカの総雇用者の47％の仕事がAIに代替されると予測して、一躍脚光を浴びました。

その彼が2017年に発表した「スキルの未来：2030年の雇用」では、2030年に必要とされるスキルの第1位に「戦略的学習力」（Learning Strategies）をあげています。この論文で参照しているO＊NET Online の定義によれば、「戦略的学習力」とは、「新しいことを学んだり教えたりするときに、状況に応じて最適な学習法を選び実践できること」です。つまり、「新しいことを学ぶためのスキル」となります。これは、何を学ぶかについての感性や勘と読み替えてもよいのではないかと、僕は解釈しています。

　戦略的学習力は、「独学」に通じるところもあり、独学のエッセンスは「学びの主体性」にあります。つまり、学びにおける「Why」（なぜ学ぶか）、「What」（何を学ぶか）、「How」（どう学ぶか）を重視し、この観点で学びの戦略を見出せるスキルは、リスキリングが社会的要請となったいま、個人にとっては特に重要な意味を持ってくるでしょう。

◆「リカレント教育」とのミックスで考える

　リスキリングと似て非なるものに「リカレント教育」があります。文部科学省はこれを、「「学校教育」を、人々の生涯にわたって、分散させようとする理念であり、その本来の意味は、「職業上必要な知識・技術」を修得するために、フルタイムの就学とフルタイムの就職を繰り返すことである」と定義しています。つまり、それは基礎学習を終えた社会人が、自身のキャリア開発のために、生涯にわたって教育と就労のサイクルを回すなかで、必要

図表11　2030年に必要とされるスキル TOP10

❖「スキルの未来：2030年の雇用」では、2030年に必要とされるスキルの第1位に「戦略的学習力」、次いで「心理学」「指導力」「社会的洞察力」と続く

順位	項　目	分　類	雇用との相関係数
1位	戦略的学習力（Learning Strategies）	スキル	0.632
2位	心理学（Psychology）	知識	0.613
3位	指導力（Instructing）	スキル	0.609
4位	社会的洞察力（Social Perceptiveness）	スキル	0.605
5位	社会学・人類学（Sociology and Anthropology）	知識	0.603
6位	教育学（Education and Training）	知識	0.602
7位	協調性（Coordination）	スキル	0.571
8位	独創力（Originality）	能力	0.570
9位	発想の豊かさ（Fluency of Ideas）	能力	0.562
10位	アクティブ・ラーニング（Active Learning）	スキル	0.534

資料：「THE FUTURE OF SKILLS：EMPLOYMENT IN 2030」p.62より筆者作成
https://futureskills.pearson.com/research/assets/pdfs/technical-report.pdf

に応じて「学び直し」を繰り返し行うことにほかなりません。

　つまり実際には、仕事を続けるなかで学び直しを行うリスキリングと、仕事を一時期離れて学び直しを行うリカレント教育とのミックスで、これからの職業人生におけるマルチステージに対応した学び直しを実践するということなのです。

　リカレント（Recurrent）には「反復、循環、回帰」といった意味があります。そこから、リカレント教育は「回帰教育」や「循環教育」などとも表現されます。義務教育や高校・大学などで学問を修めて仕事に就いてからも、必要に応じて学び直しが求められるため、「学び直し教育」や「社会人の学び直し」とも表

現されています。学び直す社会人にとっては、新しい知識を身につけることで、その後のキャリアアップや転職時のアピールポイントとなるため、特に重要視されるようになってきました。

　21世紀の企業に必要なのは、質の高い人材を一人でも多く採用・確保・育成することです。企業にとっては、より多くのエクセレント・パーソン（傑出した人材）を獲得できるか、個人にとっては、エクセレント・パーソンになれるかどうかが、これからのよりよい人生を生きていくためのカギとなります。

　さて、これから未来に向けて、あなたはどのような選択を行っていくのでしょうか？

38. 仕事に意義を見出し 変化にしなやかに対処する

◆ジョブ・クラフティングという考え方

社員一人ひとりが自分の仕事に対する認知や行動を自らの主体的な意思で修正を加えることで、退屈な作業ややらされ仕事と思えるものを、やりがいある仕事へと変化させる手法のことを「ジョブ・クラフティング」(Job crafting) と呼んでいます。

会社や上司の指示・命令ではなく、働く人が自分の意思で仕事を再定義し、そこに自分らしさや新たな視点を採り入れていくことで、仕事に対するエンゲージメントを高め、パフォーマンスの向上につなげる人材開発の一手法です。仕事の自律的再創造を促す概念ともいわれ、最近注目を集めています。

おそらくあなたも、これから経験していくことになると思いますが、最初はどうしても受け身の仕事が多くなります。いまのように仕事を取り巻く環境変化が加速している状況のもとでは、上司といえども、部下一人ひとりの実情にマッチした指示を的確に出すことはむずかしくなります。なかなか気の乗らない仕事でも、上司に指示されればやらざるをえません。その際に、その命

じられた仕事の意義を自分なりに捉え直し、自分の立場に置き換えて見つめ直してみると、意外に自分のこれからのキャリアに利する仕事だったと再発見することも少なくはないのです。

　要するに仕事に対する自分なりの向き合い方、あるいは前向きな取り組み方を見出していくことが、これからの長い職業人生にとってとても大切なことになってくるのです。

　以下は、自分自身で自主的にジョブ・クラフティングに取り組む場合に意識すべき３つのポイントです。

1. 業務に対する取り組み方を変えてみる

　まずは、業務に対するこれまでの取り組み方を変えてみましょう。たとえ日常のルーティン業務であったとしても、自分自身が主体的に取り組むことで、その仕事に対して創意工夫の視点が生まれてくるものです。

2. お客さまや職場の同僚との関係性を見直してみる

　次に、お客さまや職場の同僚との人間関係を見直してみましょう。これまで以上に周囲に主体的に関わることで、新たな関係性に気づきます。何よりチームワークの重要性を再発見することにもつながります。

3. 仕事の意義を再定義する

　こうした一連の取り組みを通じて、仕事の意義をあらためて見出すことができるようになります。社内で担当する仕事にまったく意味のないものなどないと理解できれば、あなた自身のやる気ややりがいの向上ももたらすことでしょう。

◆プロティアン・キャリアを実践する

　もう一つ大事な考え方に、「プロティアン・キャリア」(Protean career) があります。個人の成長や自己実現、幸福の追求のために、自分自身を雇用環境の変化に柔軟に適応させながら成長していくキャリア形成のことで、1976年にアメリカの心理学者ダグラス・T・ホールによって提唱された概念です。

　プロティアンとは、ギリシャ神話に出てくる海神・プロテウスに由来しています。プロテウスは状況に応じて火にもなり、水にもなり、時には獣にもなりと、環境変化により変幻自在に姿を変えます。

　これまでの日本的雇用が限界を迎え、新型コロナによるパンデミックで状況が大きく変化するなか、その変化に応じて「自分軸」を持って自在に自分の姿を変え、組織にとらわれずに自らのキャリア形成を戦略的・主体的に考える時代となりました。このような変化を体現するための考え方としてプロティアン・キャリアが注目されているのです。

　ニューノーマル（新たな日常）からネクストノーマル（次なる日常）へと時代が移り変わるなかで、これまでの典型的な日本型雇用は揺らぎ、個人は組織に縛られず、ある程度自分に合った生き方を選択できるようになりました。

　プロティアン・キャリアは、会社があらかじめ定義した「ジョブ」（職務）に基づいて必要人材を採用する「ジョブ型雇用」とも相性がよいといわれています。

◆いまは「ハイブリッド型」への移行期間

「ジョブ型雇用」が出てきたので、ここで少しこれからの雇用形態についても触れておきたいと思います。

「ジョブ型」との対比で、日本企業のこれまでの典型的な雇用形態が語られる場合、「メンバーシップ型」という言葉が使われています。諸説ありますが、ジョブ型雇用が典型的な欧米型の職務に依拠する考え方に対して、メンバーシップ型は、組織に属するメンバー（人）を尊重する雇用形態といえるでしょう。どちらも一長一短あり、これからは極端にジョブに偏ったり、メンバーシップに偏ったりする雇用のあり方ではなく、その中間形態である「ハイブリッド型」が模索されていくというのが時代の趨勢だと僕は考えています。

これからのキャリアデザインもライフデザインも、所属組織に完全に頼り切るというよりも、働く個人がゆるぎない「自分軸」を持って自己責任で主体的に切り開くというのが、正しい選択だろうと思うのです。

周囲の変化に変幻自在に対応し、必要に応じてリスキリングを実践しながらしなやかに対処する。そんなキャリア形成をあなた自身もめざしてほしいと考えています。

39. 正しい未来を考えるための教養を身につける

◆ブレない軸をつくる「リベラルアーツ」

人はだれでも、生きていくうえで、ブレない軸を持つべきです。そのために、「リベラルアーツ」（教養教育）が再び注目されるようになったのは、2010年代に入ってからのことでした。

かつてヨーロッパの大学で学問の基礎とされてきた7科目（文法学、修辞学、論理学、算術、幾何学、天文学、音楽）は、「人間を自由にする学問」と捉えられ、人が人格を形成するうえでゆるぎない基盤を与えるものとされました。それがここにきて再び脚光を浴びてきています。

大学教育のなかでも、これらは教養課程で実はひと通り学んでいます。僕の大学時代を振り返ってみても、大学1～2年生のときに学んだ記憶がありますが、当時は、そんな意味合いがある学問領域とは、ついぞ意識してはいませんでした。

これから社会人としてのキャリアを歩んでいくあなたも、素養としてのリベラルアーツを修めておくことには、十分意味があるでしょう。幅広い見識に裏打ちされた洞察力や人間観察力が、自

ずと求められてくるからです。気楽に学べる解説書や小手先の知識・スキルを身につけるためだけのノウハウ本が書店に溢れかえっている現在、どっしりと腰を据えた大局観を持ち、世の動静を見極める力を身につける。それは、とりもなおさず自分自身を客観的に見つめ直す絶好の鍛錬にもなります。

◆将来を見据えた学びを習慣化する

この数年の間に急速に僕たちの生活に浸透してきているものにAIがあります。「シンギュラリティ」（技術的特異点）がまことしやかに語られ、「AIは人類を超えるのか？」と話題になっています。人事の領域においても「HRテック」が身近な用語となってきました。

そんな渦中にあって「われわれはどこから来たのか？ そしてどこへ行くのか？」といったテーマをあらためて問い直してみることも、時には重要です。ジャンルを問わず、さまざまな書籍を手元に引き寄せ虚心坦懐に学ぶことも、これからのキャリア開発には必要となるのです。

そこで、社内において、少なくとも「志」を同じくする仲間たちと切磋琢磨する機会をつくる。ともすると、日常業務に埋没しがちですから、ある意味でスパイス的に、あるいは一種の刺激剤として、学びの機会を活用していく。そんなところから、「社内塾」や「社内道場」のような活動を積極的に奨励する企業も増えてきました。

人類の新たな運命を果敢に想像する力が、いま僕たちにも求められています。コーポレートユニバーシティ（企業内大学）などを設置している会社なら、そのカリキュラムなどを通じて学びの機会を得ることも、重要性が増してきているのです。

◆「ネオ・リベラルアーツ」への胎動

　かつて「知識は力なり」（Knowledge is power）といったのは、イギリスの哲学者フランシス・ベーコンです。

　確かに、「人の精神を自由にする幅広い基礎的学問・教養」という意味でのリベラルアーツは、学問的な横断性が求められ、その範疇は、自然科学・社会科学・人文科学のみならず、広い意味での思想や批評、ノンフィクションや芸術、果てはサブカルチャーまでをも含む知識体系となってきています。

　さらに、昨今の特徴としては、単なる知識的充実性だけではなく、それらを横断的に結びつけることで広い視野や独自の視点を獲得し、そこから得た知見や発想を活かして、仕事における新たな企画に挑戦していく、より実践的なものへと進化しつつあるように思います。近年では、たとえば田坂広志さんの『教養を磨く』（光文社新書）で語られているような、人間としての生き方を学び実践する「ネオ・リベラルアーツ」（新たな教養）といった考え方も出てきています。

　そんななかで僕が注目しているのは、「SF的思考」あるいは「SFプロトタイピング」的なアプローチです。

◆これから大事になる「SF 的思考」

　「SF」とは、「サイエンス・フィクション」の略ですが、僕が子どもの頃は、「空想科学物語」などと訳されていました。「SF プロトタイピング」とは、この SF 的な発想をもとに、まだ実現していないビジョンの試作品（＝プロトタイプ）をつくることで、未来のあるべき姿を議論・共有するための手法です。いま、その SF 的世界が現実になりつつあることも、注目すべき事実です。現実が SF に追いついてきているのです。

　たとえば、「メタバース」の源流は、1992年に原著が出版されたニール・スティーヴンスンの『スノウ・クラッシュ』（新版・ハヤカワ文庫 SF）に見出されます。また、猛烈な読書家で SF にも造詣が深いテスラ CEO のイーロン・マスクは、将来的に地球環境が悪化するというシナリオを前提に、その解決策として人類の火星移住を本気で計画しています。彼の愛読書には、アイザック・アシモフの『ファウンデーション』シリーズ（『銀河帝国興亡史』ハヤカワ文庫 SF）などがあります。

　このようにリベラルアーツは、過去から現在、未来にわたってどのようなスタンスで見通すべきかについて、有用な示唆を与えてくれるものです。あなた自身のこれからについてのキャリア・ビジョンをつくり上げていくうえで、きっと強い味方になってくれるものと思います。

40. 生活のなかに「自分のための時間」をつくる

◆先人たちの知恵や格言に学ぶ

　僕が高校生の頃、大学受験を目前に控えた時期に読んだ文豪ゲーテの格言集のなかに、「才能は静けさのなかでつくられ、人格は世の激流のなかでつくられる」という警句があったことをいまでもよく覚えています（『ゲーテ格言集』新潮文庫）。いま振り返ってみれば、この言葉は、長い職業人生を歩んでいくうえで、自分にとっての一つの指針となる、とても大切な言葉となりました。

　その後、いろいろな本を読んでいるなかで、実によく似た表現があることにも気づきました。たとえば、「夜深く人静まれるとき、独り坐して心を観ずれば、始めて妄窮まりて真独りあらわるるを覚ゆ」（夜深人静、独坐観心、始覚妄窮而真独露）などです。出典は『菜根譚』（岩波文庫）。菜根譚は明の洪自誠による処世書で、いまから400年ほど前（17世紀初頭）に成ったと推定されている中国の古典です。「ひっそりと静まりかえった夜更けに独り座って自分自身を観照すれば、諸々の煩悩が消え去って清浄

な真心だけが現れる」といった意味です。

　やはり人間は、静かな時間を持つこと、ひとり静寂の時の流れに身を置いて深く思索し、自分を高める必要があるのです。そして、一方ではゲーテがいうように、ひとり静寂のなかに身を置くだけでなく、世間の冷たい風に晒され、さまざまな人たちと袖すり合い、時にはこすれ合って生きていくなかで、一人前の人格を練磨していくことが大事なのだろうと、自分なりに解釈しています。

　それはちょうど、仕事において何らかの課題についてひとり徹底的に思いをめぐらす時間と、職場の上司や仲間たちとの徹底討論のなかで、その課題の本質が浮き彫りにされていく経験とのバランス感覚にも似ています。

　そのような人格形成のためのプロセスは、もちろん一朝一夕では完成しません。人として生まれ落ちた者にとっての、人生の一大テーマと捉えるべきでしょう。

◆めざすべき「ポラリス」があるかを自問する

　こう考えてくると、人間としての存在の原点は不変であると思われてきます。事を起こすためには、将来見通しとしてのビジョン（あるべき姿）が必要です。ビジョンを実現するためには、その仕事に対するミッション（使命感）を持たねばなりません。当然のことながら、仕事を強力に推進するためのパッション（情熱）がなければ持続的な成功はないでしょう。つまり、このビ

ジョン、ミッション、パッションがその根底になければならないのです。

しかし、これらの最上位に位置するものとして、自分という「存在意義」、昨今よく語られるようになった「パーパス」の存在が重要となります。パーパスは、めざすべき「ポラリス」（北極星）のように、時に自分自身を導いてくれます。あなたにとっていま、自分自身のパーパスはあるでしょうか？ 迷ったときにめざすべきポラリスは存在しているでしょうか？「意義化する経営」が進むなかで、企業としてのパーパスが強く求められるようになりました。と同時に、これにシンクロする自分自身のパーパスを確立していくことは、これからとても重要となってきます。

そして、職業人生をたくましく生き抜いていくためには、これらをすべて包み込む人としての心の豊かさが何より求められてくるでしょう。かつて喜劇王チャップリンは、「木の葉のそよぎ、風の音にも静かに耳を傾ける心は、芸術を愛し、人を愛する心です」といいました。たとえていえば、ちょうどそんなところです。

◆「自分のための時間」を一日のなかにつくる

僕が好きだった経営者の一人に、かつて西武流通グループ（セゾングループ）を率いた堤清二氏があげられます。西武百貨店を中核とした流通革命や文化創造を推進する一方で、辻井喬のペンネームで小説家・詩人として多くの作品を遺しました。

そんな堤氏の作品のなかに「深夜の読書」といったタイトルの

エッセイがあったと記憶しています。そこには、どんなに仕事で忙しくても一日のなかで自分のための時間を必ず2時間つくる、といった趣旨の文章がありました。20代後半の時期をかなり多忙に過ごしていた僕にとって、この言葉はいまでも強く印象に残っています。

それからの僕は、どんなに仕事で遅く帰っても必ず2時間は自分の時間をつくろう、2時間はテーマを決めて読書をしようと心に決めました。実際に結構遅く帰ってから深夜に及ぶまで本を読んでいたら、かなり疲弊してしまい、思いどおりにいかない日々もありました。また、何かしら本を読んだら、必ずそのなかで印象に残ったり感銘を受けた文章は、抜き出してノートに記すということを心がけたりもしていました。

20代の頃からつけていたそのノートが、実はいまでも残っていて、たまに読み返してみると、「あの頃は若かったなぁ…。こんな文章に感銘していたんだ」と、少し気恥ずかしくなることもあります。しかし、どんなに読書をしても、その内容をすべて記憶しておくことはできません。だから、ワン・センテンスでもいいのでノートに書き残しておくと、「塵も積もれば山」のたとえよろしく、あとあと役に立つことも出てくるのです。

読書の仕方は人それぞれ。だから、僕のやり方を無理強いするつもりはありませんが、ぜひあなたなりの読書の仕方を工夫してみてほしいのです。

おわりに
−20代で得る知見を大切に

◆未熟さを「自信」に変えて

　ここまで読んでいただいて、いかがでしたか？　あなたのこれからの会社生活に少しでもお役に立てればとの思いばかりが募ります。

　本編のなかでも触れましたが、あなたがいま生きている20代は、キャリアの基礎固めの時期です。まだまだ仕事においては未経験・未体験のことばかりで、ちょっとした壁にぶつかっては跳ね返され、時に自分の不甲斐なさや未熟さに苛立ちを覚えることもあるでしょう。しかし、視点を少し変えてみれば、その未熟さを自分の武器として、ひたすらにがむしゃらに仕事に向き合えるのが20代です。

　どんな仕事に携わるにせよ重要なことは、目先の仕事に埋没してしまわないこと。本来の自分を見失ってはいけないということです。どんな些細な仕事のなかからも、人は学ぶことができます。たとえ日々あくせく働く毎日が続こうとも、そのなかから必ず仕事の意義や意味は見えてきます。

　時にちょっと仕事がうまくいかなくて、上司や先輩から「何をやっているんだ！」と叱られることもあれば、時にちょっと仕事

でうまくいって「よくやった！」と褒められたりすることもあるでしょう。そんな些細な実体験を何度も繰り返しながら、人は成長します。だから、あなたのいまの未熟さがいつか「自信」に変わるまで、ひたすら刻苦勉励を続けてください。

少なくとも、20代のそんな経験のなかから得た知見が、30代以降の仕事に「幅」と「深み」をもたらします。だから、未熟さが「自信」に変わるまで、努力を怠らないでほしいのです。

◆ "Self as We" という考え方

長らく仕事を続けていて気づくのは、どんな仕事をするにせよ、「何をするか？」ではなく「だれとするか？」だということです。この意味で、人間関係はとても重要です。「大切なことは、人と人とのつながりである」ということを、新型コロナの経験を経てあらためて思い知らされました。

最近、"Self as We" という考え方が提唱されています。日本語に訳せば、「われわれとしての自己」あるいは「私たちとしての自身」という概念で、NTT グループのホームページなどでは、持続可能な社会をこれから実現していくためのキーコンセプトとして掲げられていて（https://group.ntt/jp/csr/selfaswe/）、「自分だけではなく、他の方の幸せも同時実現する、利他的共存の精神でさまざまな施策を実現していくこと」と説明されています。

振り返ってみれば、新型コロナは、やはりこれまでのパラダイ

ムを完全に覆すようなインパクトを、僕たちの職場や仕事に与え
ました。完全リモートの状態が続くなかで孤立し孤独に陥ってし
まうことも危惧されました。実際に心身に不調を来す人も増えた
ように思います。そんななかで最近、各社が力を入れ始めたのが
Well-being、つまりよりよく生き働くことをめざした「幸福経
営」です。「会社」に「私」を預けた働き方から、「私」に基軸を
置いた働き方への変化。その「私」は、「もの」や「テクノロ
ジー」を含めた「私たち」によって支えられ生きているというこ
との再認識です。

　自分自身の幸せと他の人たちの幸せを一緒に叶えることで、み
んなの Well-being を最大化させていく。これは、「最大多様の最
大幸福」とも形容されるようになりました。 お互いを誠実に認
め合う新たな世界をつくることで、自然とも共生しうる文化を創
造する。そんな高い倫理観を持つことで、企業の成長を実現し社
会課題も同時に解決する。文字どおりの「サステナビリティ」
(持続可能性)を追求していく経営が志向されるようになっています。

◆「着想」ではなく「着手」が大事

　『幸福論』を書いたカール・ヒルティという思想家がいます。
世に三大『幸福論』と呼ばれる幸福についての本が存在します。
著者は、アラン、バートランド・ラッセル、そしてカール・ヒル
ティです。

　特にヒルティの『幸福論』(角川ソフィア文庫) では、幸福に

関する本質論というよりも「仕事の要領」についてを最初に取り扱っています。ここでヒルティは、仕事において肝要なことは「着手しうることだ」といっています。

　僕たちは、とかく何かを始めようとするとき、まずは「着想」から入ることが多いのは確かです。この仕事、どうまとめていこうかとか、どう進めていこうかとか、まずはいろいろと考えてしまってなかなか仕事がはかどらず、いたずらに時間だけが過ぎていく。ヒルティは、そうではなくとにかく机に向かうこと、仕事を始めてしまうことの重要性を説いています。

　仕事に着手するなかで、さまざまな思いも巡り着想もわいてくるものだと、そんなことをいっています。最近では、仕事における生産性が厳しく問われるようになりました。もしあなたが自分の仕事の進め方に迷うような際は、まずはパソコンの前に座り、あれこれ迷わずに精神を統一して仕事を始めてしまうことをおすすめします。すると、次第に自分の考えがまとまってくるという経験をするのではないかと思います。「着眼大局・着手小局」という言葉もあります。とりあえず着手できるところから始めてみることが、仕事の流儀の第一歩かもしれません。

　最後に、あなたがこれから自分ならではのキャリアを歩んでいくなかで、思い切り活躍できる近未来を祈念して、この本を締めくくりたいと思います。

2024年3月

吉田　寿

吉田寿（よしだ・ひさし）

早稲田大学大学院経済学研究科修士課程修了。富士通人事部門、三菱UFJリサーチ&コンサルティング プリンシパル、ビジネスコーチ 常務取締役チーフHRビジネスオフィサー、HRガバナンス・リーダーズ フェローを経て、2023年10月よりHCプロデュースシニアビジネスプロデューサー。中央大学大学院戦略経営研究科客員教授（2008〜2019年）。早稲田大学トランスナショナルHRM研究所招聘研究員。BCS認定プロフェッショナルビジネスコーチ。"人"を基軸とした企業変革の視点から、人材マネジメント・システムの再構築や人事制度の抜本的改革などの組織・人材戦略コンサルティングを展開している。これまで担当したコンサルティング・プロジェクトは500件超。

主な著書『未来創造型人材開発』『増補新装版 社員満足の経営』『仕事力を磨く言葉』（以上、経団連出版）、『企業価値創造を実現する 人的資本経営』（共著）、『ミドルを覚醒させる人材マネジメント』『人事制度改革の戦略と実際』『人を活かす組織が勝つ』（以上、日本経済新聞出版）、『世界で闘うためのグローバル人材マネジメント入門』（日本実業出版社）、『リーダーの器は「人間力」で決まる』（ダイヤモンド社）、など。

入社1年目の仕事学
にゅうしゃいちねんめ　　しごとがく

―社会人として知っておきたい基本40

著者◆
吉田　寿

発行◆2024年3月20日 第1刷

発行者◆
大下　正

発行所◆
経団連出版

〒100-8187 東京都千代田区大手町1-3-2
経団連事業サービス
電話◆［編集］03-6741-0045 ［販売］03-6741-0043

印刷所◆精文堂印刷

ISBN978-4-8185-1955-8 C2034